Jürgen Zeller

Du wirst unseren Tod wandeln

Jürgen Zeller

Du wirst unseren Tod wandeln

Traueransprachen

Fromm Verlag

Impressum / Imprint
Bibliografische Information der Deutschen Nationalbibliothek: Die Deutsche Nationalbibliothek verzeichnet diese Publikation in der Deutschen Nationalbibliografie; detaillierte bibliografische Daten sind im Internet über http://dnb.d-nb.de abrufbar.

Bibliographic information published by the Deutsche Nationalbibliothek: The Deutsche Nationalbibliothek lists this publication in the Deutsche Nationalbibliografie; detailed bibliographic data are available in the Internet at http://dnb.d-nb.de.

Coverbild / Cover image: www.ingimage.com

Verlag / Publisher:
Fromm Verlag
ist ein Imprint der / is a trademark of
OmniScriptum GmbH & Co. KG
Heinrich-Böcking-Str. 6-8, 66121 Saarbrücken, Deutschland / Germany
Email: info@frommverlag.de

Herstellung: siehe letzte Seite /
Printed at: see last page
ISBN: 978-3-8416-0589-4

Inhaltsverzeichnis

1. Traueransprachen im (Kirchen-)Jahreskreis

„Haltet euch bereit für euren persönlichen Advent“ ***13***

Tod einer betagten Lehrerin am 1. Advent.
(Mt 24,37-39.42-44)

„Ausschau halten nach dem Herrn“ ***16***

Tod einer sehr gläubigen Frau im Advent, die oft die Hauskommunion empfangen hat.
(Lk 21,25-27.34-36)

„Eure Erlösung ist nahe“ ***19***

Tod eines betagten Pflegeheimbewohners im Advent.
(Lk 21,25-28)

„Ich steh an deiner Krippe hier“ ***21***

Tod eines kirchlich engagierten Mannes nach langer Krankheit in der Weihnachtszeit.
(Tit 3,4-7)

„Gott kommt in die Nacht dieser Welt“ ***25***

Tod einer kirchlich gebundenen Frau in der Weihnachtszeit.
(Jes 9,1-6a)

„Auf, werde Licht“ ***28***

Tod einer engagierten und vielseitig interessierten Frau am Dreikönigstag. (Jes 60,1-5)

„Durch Kreuz und Leid ins Leben gehen“ ***31***

Tod nach langer Krankheit in der Österlichen Bußzeit bzw. an den Kartagen.

(Joh 19,16a-18.25.28-30 und Mk 16,1-7)

„Wo die Liebe und die Güte wohnt“ ***34***

Tod einer liebevollen und gütigen Frau am Gründonnerstag.

(1 Joh 4,7-12)

„Seht, der Stein ist weggerückt“ ***36***

Tod nach einer Zeit der Krankheit am Karsamstag.

(Mk 16,1-7)

„Jauchzt vor dem Herrn“ ***39***

Tod einer lebensfrohen Frau in der Osterzeit.

(Ps 98)

„Guter Hirt, du Brot des Lebens“ ***41***

Tod einer kirchlich gebundenen Frau nach langer Krankheit um Fronleichnam.

(Joh 6,51.57-58)

„Geh aus, mein Herz, und suche Freud“ ***44***

Tod einer dementiell erkrankten Frau mit großer Lebensfreude in der Sommerzeit.

(Joh 14,1-6)

„Entrissen der Macht der Finsternis“ ***47***

Tod einer älteren Frau im November (um Allerheiligen).

(Kol 1,12-20)

„Ich bin die Auferstehung und das Leben“ ***50***

Tod einer älteren Frau am Allerseelentag.

(Joh 11,21-27)

„Und doch ist einer, welcher dieses Fallen unendlich sanft in seinen Händen hält.“ ***53***

Tod eines älteren und ruhigen Mannes im Herbst. Predigt unter Einbezug des Gedichtes „Herbst“ von Rainer Maria Rilke.

(Joh 11,21-27)

2. Traueransprachen zu Symbolen und in besonderen Situationen

„Heute ist euch der Retter geboren“ ***56***

Tod eines politisch und sozial engagierten Mannes, der gerne Krippen gebaut hat. Auch in der Weihnachtszeit möglich.

(Symbol: Krippe).

(Lk 2,1-14)

„Ich lebe mein Leben in wachsenden Ringen“ ***60***

Tod nach einer Zeit der Krankheit. Baumbestattung.

(Symbol: Baumscheibe).

(Off 21,1-7)

Vom Wachsen der Saat“ ***64***

Tod einer Frau mit einer großen Leidenschaft für das Säen und Pflanzen. (Symbol: Samenkorn).

(Mk 4, 26-29)

„Gott ist Licht und Leben“ ***67***

Tod nach einer Zeit der Krankheit. Viele Schicksalsschläge. (Symbol: Osterkerze).

(1 Joh 1,1-7 und Joh 12,44-50)

„Das Gebet, das wiederholt wird“ ***70***

Tod einer betagten Frau, die viel gebetet hat, vor allem den Rosenkranz (= Symbol).

(Joh 17,1-8)

„Der Herr ist mein Hirte“ ***73***

Tod einer gläubigen Frau nach einer langen Zeit der Krankheit. Psalm 23 war ihr Lieblingsgebet.

(Ps 23)

„Vertrauen ist der Anfang von allem“ ***76***

Tod einer Frau mit großem Ur- und Gottvertrauen.

(Mt 14,22-33)

„Lobet Gott in seinem Heiligtum“ ***79***

Tod eines musikbegeisterten Mannes an seinem Geburtstag. Starker Bezug zu Maria.

(Ps 150)

„Das Wort vom Kreuz ist Gottes Kraft" ***82***
Tod einer Frau mit einem starken Bezug zum Gekreuzigten.
Auch passend in der Österlichen Bußzeit und der Karwoche.
(1 Kor 1,18-24.30-31)

„Leben heißt Abschied nehmen" ***85***
Tod einer kirchlich gebundenen, willensstarken Frau, die in ihrem Leben einige Verluste zu tragen hatte.
(Joh 14,1-10)

„Leben in Fülle" ***88***
Tod einer Frau, die ihr Leben zu genießen wusste.
(Joh 10,10a-11)

„Herr, wie zahlreich sind deine Werke" ***90***
Tod eines naturverbundenen Mannes.
(Ps 104 in Auswahl)

„Zum Haus des Herrn wollen wir pilgern" ***92***
Tod einer kirchlich gebundenen Frau, die sich für ihren Trauergottesdienst Psalm 122 als Schrifttext gewünscht hat.
(Ps 122)

„Glaube, Hoffnung, Liebe, diese drei - aber am größten ist die Liebe" ***95***
Tod einer kirchlich distanzierten Frau, die erst wenige Jahre am Ort der Bestattung gelebt hat. Text der Todesanzeige: „Glaube, Hoffnung, Liebe, diese drei - aber am größten ist die Liebe".
(Joh 15,7-12)

„Vom Schmerz“ *97*

Tod einer jüngeren Frau nach Krankheit. Predigt unter Einbezug des Textes „Vom Schmerz“ aus dem Buch „Der Prophet“ von Khalil Gibran.
(Joh 11,21-27)

3. Leitfaden zur Annahme eines Trauerfalls und Führung des Trauergesprächs ***99***

4. Bibelstellenverzeichnis ***102***

1. Traueransprachen im (Kirchen-)Jahreskreis[1]

„Haltet euch bereit für euren persönlichen Advent"

Trauersituation: Tod einer betagten Lehrerin am 1. Advent.

Schriftstelle: Mt 24,37-39.42-44

Mit dem vergangenen Sonntag sind wir in die Adventszeit eingetreten. Der eben gehörte Text aus Matthäus war der Tagestext vom 1. Adventssonntag. Mit dem Vorabend, am Samstag, begann für viele Christen mit der Abendmesse die diesjährige Vorbereitungszeit auf Weihnachten.

Advent heißt Ankunft. Wir blicken auf die erste Ankunft Jesu als Kind in der Krippe von Betlehem; wir blicken aber auch auf seine zweite Ankunft am Ende der Zeiten, als Vollender der Welt. Davon spricht auch der biblische Text, den wir eben gehört haben.

Es gibt für uns Menschen aber noch einen dritten Advent: meinen ganz persönlichen Advent. Dann, wenn Christus kommt, um mich in die ewige Heimat zu führen.

Diesen persönlichen Advent des Lebens kennt niemand. Keiner weiß Tag und Stunde. Deshalb hören wir in den Texten des Advents immer wieder: Seid wachsam und haltet euch bereit!

An dem Tag, an dem der Advent 20.. begann, kam für N., nach einem langen Leben, ihr ganz persönlicher Advent, ihre ganz persönliche Ankunft bei Jesus Christus. An dem Tag, an dem in unseren Gottesdiensten aus Matthäus von der Wiederkunft des Menschensohnes Jesus Christus zu hören war, kam er unserer Verstorbenen entgegen und führte sie in die ewige Herrlichkeit, vollendete ihr Leben in Gott.

---

[1] Lesehinweise: N. = Namen von Personen und Orten. 19.. / 20.. = Abkürzung der Jahreszahlen. .. = allgemeine Zahlenangabe.

Begonnen hat dieses Leben als drittes von vier Kindern der Prokuristen-Familie N. in N. Nach der Lehrerausbildung und den ersten Jahren im Beruf wurde sie nach dem Zweiten Weltkrieg aus ihrer Heimat ausgewiesen und kam hierher nach N. Der Krieg nahm ihr auch den Ehemann. Nur fünf gemeinsame Jahre waren den beiden vergönnt, teilweise unter sehr schwierigen Bedingungen. 19.. wurde durch Sohn N. aus dem Paar eine Familie, deren Glück aber nur kurze Zeit währte, bis eben der Krieg ausgebrochen ist.
Nach der Vertreibung musste die Verstorbene Kind und Vater zuerst mit verschiedenen Arbeiten über die Runden bringen, ehe sie dann 19.. wieder in den Schuldienst aufgenommen wurde und an der N. ihre langjährige Heimat als Lehrerin fand.
Mit N. nehmen wir heute Abschied, so sagten Sie es mir beim Vorgespräch, von einer freundlichen, hilfsbereiten und belesenen Frau, mit einer Leidenschaft für die Musik, das Reisen und auch die Malerei. Gute Musik und eine gute Lektüre wusste sie zu schätzen. Und wenn ihre Hilfe oder Unterstützung gefragt war, dann hat sie nicht gezögert.
Wir nehmen Abschied von einem Menschen, der im Schuldienst seine Berufung gefunden hat. „Sie war Lehrerin mit Leib und Seele", so haben Sie sich im Vorgespräch ausgedrückt.
Zu den schweren Zeiten im Leben der Verstorbenen gehörte, neben dem frühen Tod des Mannes und der teilweise traumatischen Erlebnisse durch den Krieg - bis hin zur eigenen Inhaftierung - , sicher der Tod des einzigen Sohnes im Jahr 20.. Dieser Verlust hat sie schwer getroffen. Nicht zu vergessen die zunehmenden Einschränkungen aufgrund von Alter und Krankheit in den letzten Jahren.

Als Christen leben wir aus dem Glauben, dass der Tod nicht das Ende, sondern der Beginn eines neuen Lebens bei Gott ist. Wir leben aus dem Glauben, dass uns im Tod die Herrlichkeit des Menschensohnes gewahr wird, dass er uns selbst begegnet.

Ein modernes Adventslied bringt dies so zum Ausdruck:

Gott wird wenden Not und Leid.
Er wird die Getreuen trösten,
und zum Mahl der Seligkeit
ziehen die vom Herrn Erlösten.[2]

Das bringt für mich die tiefe Zuversicht zum Ausdruck, dass, wer sein Leben in Jesus Christus fest macht, Erlösung und Rettung erfährt. N. hat ihr Leben in Gott fest gemacht. Auf seinen Namen war sie getauft und Zeit ihres Lebens hielt und pflegte sie diese Verbindung. Der regelmäßige Gottesdienstbesuch, auch zuletzt im Heim, war für sie selbstverständlich und wichtig.

Dieser Liedvers zeigt uns darüber hinaus die Perspektive der Verwandlung, die in Gottes Verheißung steckt. Er wird uns trösten und das „Mahl der Seligkeit" kennt keinen Schmerz, keine Krankheit und keinen Tod mehr.

Das Evangelium vom Kommen Jesu Christi am Ende der Zeiten als Vollender der Welt soll uns heute zum Trost und zur Hoffnung werden: Jesus Christus, geboren als Mensch in der Krippe ist auch unseren Tod gestorben und hat uns damit die Herrlichkeit der Auferstehung eröffnet.

So dürfen wir heute im Glauben darauf vertrauen, dass N. diese Herrlichkeit nun auf ewig schauen darf.

Amen.

---

[2] Gotteslob Nr. 221, Strophe 5.

„Ausschau halten nach dem Herrn"

Trauersituation: Tod einer sehr gläubigen Frau im Advent, die oft die Hauskommunion empfangen hat.

Schriftstelle: Lk 21,25-27.34-36

Wir stehen am Ende der ersten Woche des Advents, der Vorbereitungszeit auf Weihnachten. Am Dienstag dieser Woche, also in den ersten Tagen dieser Adventszeit ist Ihre Mutter, Großmutter und eure Ur-Großmutter N. verstorben. Und dass ihr Todestag im Advent liegt, hat für mich große Bedeutung. Lässt sich doch das Leben der Verstorbenen gut mit dieser Zeit des Kirchenjahres vergleichen.

Die Vorbereitungszeit auf Weihnachten, der Advent *(von lat. adventus „Ankunft")* hat für uns Christen eine zweifache Blickrichtung:
Zuerst feiern wir die erste Ankunft unseres Herrn auf der Erde, die Menschwerdung Gottes vor mehr als 2000 Jahren, aber auch heute in unserer Zeit. Und dann richten wir unseren Blick auf die zweite Ankunft am Ende der Zeiten, bei der der *„Menschensohn mit großer Macht und Herrlichkeit kommen wird" (vgl. Lk 21,27).* Wie dies sein wird, davon kann auch das Evangelium nur in Bildern, wenn auch sehr eindrucksvollen, sprechen.

Advent heißt somit: voller Erwartung sein, Ausschau halten nach dem, der kommen wird; und sich auf diese Begegnung vorbereiten, denn Advent heißt zugleich: Ihm entgegen gehen. Somit sind wir Christen adventliche Menschen. N. war in diesem Sinne für mich ein zutiefst adventlicher Mensch. Hat sie doch, die Ankunft ihres Herrn herbeigesehnt und sich die Begegnung mit ihm gewünscht und sich in vielen Gottesdiensten auch durch den Empfang der Heiligen Kommunion darauf vorbereitet.

Bei meinen Besuchen hat sie mir immer wieder erzählt: „Ich bin bereit, aber der Herrgott braucht mich noch nicht! Er hat noch keinen Platz für mich. Er braucht mich noch hier auf Erden für das Gebet!"
Und der Herrgott hat sie lange nicht gebraucht. Er hat ihr über .. Lebensjahre geschenkt. Jahre, die schöne aber auch schwere Tage kannten. Ich denke hier an den Verlust von zwei Ehemännern oder an die Zeiten der Einschränkungen durch Krankheiten, dies vor allem in den letzten zehn Jahren. Ich denke hier aber auch an die glücklichen Jahre als Ehefrau und Mutter, an den Einsatz für die Landwirtschaft und den Haushalt, an das, was sie mit ihrem Mann zusammen aufgebaut hat; an die Zeit mit ihren Enkeln und Ur-Enkeln.

„Der Herrgott braucht mich noch hier auf Erden für das Gebet!" Wachen und beten (vgl. Lk 21,36) ist ein wesentliches Merkmal der Vorbereitung auf die Ankunft Jesu Christi, und somit auch ein wesentliches Merkmal im Advent. Im eben gehörten Evangelium fordert er dies deshalb ganz ausdrücklich!
Im Blick auf das Leben der Verstorbenen hat das Gebet immer einen großen Stellenwert eingenommen. In den letzten Lebensjahren, wo sie das Haus nicht mehr verlassen konnte, wurde es gar zu ihrem Lebensinhalt. Sie hat dadurch für mich eindrucksvoll den Auftrag Jesu erfüllt: sich wachend und betend auf seine Ankunft vorzubereiten.
Ich durfte N. einige Male die Hauskommunion bringen. Ein Gebet hatte bei dieser Feier für sie einen festen Platz. Darin heißt es: *„In meiner Todesstunde rufe mich, zu dir zu kommen heiße mich, mit deinen Heiligen zu loben dich in deinem Reiche ewiglich!"*[3] Am vergangenen Dienstag hat sich dieses Gebet nun erfüllt: Unser Gott hat sie aufgenommen in sein Reich. Sie ist heimgekehrt.

[3] Gotteslob (1975), Nr. 6, Abschnitt 7.

Der Verlust eines lieben Angehörigen schmerzt. Es fehlt jemand. Und doch dürfen wir Christen glauben, dass der Tod auch Anfang ist. Sterben christlich verstanden meint hineingehen in das ewige Licht.

Mit dem Tod ist N. nun angekommen in diesem Licht Christi; sie ist ans Ziel ihres Lebens gelangt.

Ein Ziel, das nicht Tod, sondern Leben heißt, nicht Untergang, sondern Auferstehung.

Amen.

„Eure Erlösung ist nahe"

Trauersituation: Tod eines betagten Pflegeheimbewohners im Advent.

Schriftstelle: Lk 21,25-28

Es ist Freitag, *(Datum)* im Pflegeheim N. Die Bewohnerinnen und Bewohner versammeln sich zum Gottesdienst. Mit dabei, wie fast immer, wenn es sein Zustand zuließ N. Mit passenden Liedern und Texten stimmt sich die Gottesdienstgemeinde auf den bevorstehenden ersten Advent ein.

Advent heißt Ankunft. Wir blicken auf die erste Ankunft des Gottessohnes im Stall von Bethlehem. Und wir blicken auch auf die zweite Ankunft Jesu Christi am Ende unserer Tage als Vollender der Welt. Dem trägt auch der biblische Text Rechnung, den wir eben gehört haben. Er stammt aus diesem Gottesdienst vom ersten Advent.

Es sollte für unseren Verstorbenen sein letzter Gottesdienst sein. Für N. kam überraschend wenige Tage später sein ganz persönlicher Advent, seine ganz persönliche Ankunft bei Jesus Christus. Er ist nach einem kurzen Aufenthalt im Krankenhaus am vergangenen Mittwochmorgen verstorben.

Nur kurze Zeit nachdem er vom biblischen Text über die Vollendung der Welt durch Jesus Christus gehört hatte; kam für ihn die Vollendung seines Lebens im Tod.

Geboren wurde er 19.. als drittes von sechs Kindern in N. Nach Kriegsdienst und Gefangenschaft hat er unter anderem bei N. und später in N. gearbeitet. Während der Zeit in N. lernte er seine Frau N. kennen und lieben. .. Ehejahre waren den beiden geschenkt bis er 19.. von ihr Abschied nehmen musste. Durch die Töchter N. und N. wurde aus dem Paar dann eine Familie, die sich später durch die fünf Enkelkinder und das Ur-Enkelkind weiter vergrößerte.

Im Dezember 20.. ist er auf eigenen Wunsch vom Haus in N. ist das Pflegeheim umgezogen. Dort, so sagten Sie mir, und so konnte ich es auch selbst erleben,

ist er noch einmal richtig aufgeblüht. Er hat sich unter den Menschen und mit den vielen Kontakten wohl gefühlt.
Mit N., so sagten Sie mir im Vorgespräch weiter, nehmen wir heute Abschied von einem offenen, fröhlichen, geselligen und kontaktfreudigen Menschen mit einer großen Leidenschaft für den Fußball. Ob in früheren Zeiten als aktiver Spieler bei der Fußball-Abteilung in N., deren Mitbegründer er war, oder passiv als Fan des N. Auch die Musik und das Schachspiel hatten es ihm angetan.

„Wenn all das beginnt, dann richtet euch auf, und erhebt eure Häupter, denn eure Erlösung ist nahe." (Lk 21,28) Damit bringt Lukas zum Ausdruck, dass Sterben in Christus das Geschenk des ewigen Lebens bringt. Wer im irdischen Leben auf Jesus Christus baut, erfährt im Tod durch ihn Erlösung und Rettung. N. hat auf Christus gebaut. Auf seinem Namen war er getauft und hat die Verbindung mit ihm immer gepflegt. Der regelmäßige Gottesdienstbesuch war ihm wichtig.
Dieser Vers vom ersten Adventssonntag zeigt uns auch die ganze Kraft der Verwandlung, die in Gottes Zusage steckt. Er wird uns im Tod aufrichten. Kein Schmerz, keine Krankheit und kein Tod kann uns bei ihm mehr niederdrücken.

Das Evangelium von der Wiederkunft Christi als Retter und Erlöser der Welt am Ende aller Tage darf uns heute zum Trost werden: Er, Gottes Sohn und doch Mensch wie wir, ist für uns in den Tod gegangen und hat uns durch seine Auferstehung das neue und ewige Leben bei Gott eröffnet.
Um dieses ewige Leben bitten wir heute für N.
Amen.

„Ich steh an deiner Krippe hier“

Trauersituation: Tod eines kirchlich engagierten Mannes nach langer Krankheit in der Weihnachtszeit.

Schriftstelle: Tit 3,4-7

Es gehört zum festen Liedprogramm der Weihnachtszeit: das schöne und gehaltvolle Lied von Paul Gerhardt „Ich steh an deiner Krippe hier“[4], welches in zwei Melodiefassungen existiert. Der Dichter schafft es mit seiner Komposition die romantischen Krippenvorstellungen vom holden Knaben im lockigen Haar auf die Tiefe der menschlichen Existenz hin aufzubrechen und zu deuten. Er macht klar: Das Ereignis im Stall von Bethlehem ist von weltumfassender Bedeutung. Es durchdringt unser ganzes Mensch-Sein. Gott wird Mensch mit Haut und Haaren; für mich ganz konkret und persönlich. Gott kommt in Jesus Christus, damit ER auch in mir, für mich geboren werden kann. Durch die Menschwerdung hat sich Gott auf einmalige Weise und unwiderruflich mit uns Menschen verbunden und unser ganzes Leben geheiligt. Das soll uns nicht still werden lassen, sondern fassungslos staunend und anbetend machen.

Dieses Lied passt für mich aus mehreren Gründen zum heutigen Tag.
Zum einen, weil wir es bei meinem letzten Besuch am Krankenbett von N., zwei Tage vor seinem Tod, gesungen haben. Vor allem aber, weil so vieles, was Sie, liebe Frau N., mir beim Vorgespräch über Ihren Mann erzählt haben, in den Liedversen aufscheint.
„Ich komme, bring und schenke dir.“ – *„Nimm hin, es ist mein Geist und Sinn. Herz, Seel und Mut, nimm alles hin.“* So heißt es u. a. in der ersten Strophe. Das erinnert mich an die vielfältigen Aufgaben, die N. im Auftrag Jesu Christi in seiner Kirchengemeinde N. übernommen hat. Viele Jahre hat er jährlich die

[4] Gotteslob Nr. 256.

Weihnachtskrippe und den Christbaum aufgestellt. Dabei auch einmal die Krippenfiguren selbst restauriert.
Wie oft war er wohl bei dieser Aufgabe an der Krippe seines Herrn gestanden? Und hat sich anregen und ergreifen lassen, vom Geschehen der Heiligen Nacht, welches er bildhaft nachgestellt hat?
Daneben hat er sein Herz und seine Kraft .. Jahre als Kirchengemeinderat und .. Jahre als Kommunionhelfer eingebracht.

„Ich steh an deiner Krippe hier, o Jesu, du mein Leben.“ An Weihnachten blicken wir jedes Jahr aufs Neue auf die Geburt Jesu und fragen, was dieses Ereignis für unser Leben bedeutet. Wenn wir im Angesicht des Todes von einem lieben und vertrauten Menschen Abschied nehmen müssen, dann blicken wir zurück auf das, was sein Leben ausgemacht und geprägt hat.
Bei N. ist dies sicherlich sein Arbeitsleben als Elektriker und Schaltwärter bei verschiedenen Betrieben. Zuerst in N., wo er geboren und aufgewachsen ist und auch seine Lehre absolviert hat. Später dann, nachdem er mit seiner Mutter in deren elterliches Haus hier in N. umgezogen ist, war er über .. Jahre bei N. tätig.
Ich denke hier aber auch an die über .. Ehejahre mit Ihnen Frau N.
Nicht zu vergessen seine vielfache Vereinszugehörigkeit bei N., sowie seine Reiselust, die ihn bis nach Israel und Island führte.
Mit N., so sagten Sie mir beim Vorgespräch weiter, nehmen wir heute Abschied von einem genauen, ästhetischen und zuverlässigen Menschen, mit einer Leidenschaft für die Malerei und die Fotografie, das Wandern und Unterwegssein in der Natur und einem großen Interesse an Kunst und Kultur.

„Ich lag in tiefster Todesnacht“, so beginnt die dritte Strophe unseres Liedes. Diese Nacht ist im Leben des Verstorbenen schon vor vielen Jahren angebrochen. Und sie kam unaufhaltsam und mit immer schnelleren Schritten näher.

Bereits bei seinem Ausscheiden aus dem aktiven Berufsleben machten sich erste Einschränkungen bemerkbar. Im Laufe der Jahre nahmen diese mehr und mehr zu, bis durch einen Sturz der schwerste Einbruch kam. Ab diesem Zeitpunkt konnte N. nicht mehr zu Hause versorgt werden und kam ins Pflegeheim nach N.

Dort ist er nun auch, nach einer langen Leidenszeit, in der sich die Schatten immer mehr auf sein Leben legten, am Sonntag vor einer Woche - dem Fest der Heiligen Familie, die er so oft als Krippe gestellt hatte - verstorben. Und Sie, liebe Frau N., die Sie sich in den zurückliegenden Jahren und Monaten so liebevoll um Ihren Mann gesorgt hatten, konnten mit dabei sein.

Ein geistliches Sprichwort sagt: „Krippe und Kreuz sind aus demselben Holz geschnitzt". Und in diesem Satz steckt eine tiefe Wahrheit. Denn mit Weihnachten, mit dem Kind in der Krippe, beginnt unsere Erlösung - oder Rettung wie Paulus sie im Titusbrief bezeichnet - die Christus am Kreuz erwirkt hat. Gott ist nicht Mensch geworden in einem Stall, um uns romantische Gefühle zu beschaffen, sondern um uns Menschen aus Sünde und Tod zu erlösen. Weihnachten ist der Anfang unserer Erlösung, die über das Kreuz, letztlich zur Auferstehung führt.

So bringt es der Apostel Paulus in der Lesung, die wir gehört haben und die die Liturgie für das Hirtenamt am Morgen vorsieht, auf den Punkt. Er trifft den Kern der Weihnachtsbotschaft wenn er schreibt: *„In seiner Güte und Menschenliebe hat Gott uns seinen Sohn als Retter gesandt, damit wir durch seine Gnade gerecht gemacht werden und das ewige Leben erben."*

In der Taufe ist N. in dieses Geheimnis der Erlösung mit hineingenommen worden.

Und so dürfen wir heute, wo wir seine Asche zur Ruhe betten auch glauben, dass unser menschgewordener und auferstandener Herr Jesus Christus unserem Verstorbenen entgegengeht und ihm nun das ewige Leben schenkt, das er Zeit seines Lebens erhofft hat.

Oder um es nochmals mit Paul Gerhardt zu sagen:

„Ich lag in tiefster Todesnacht, du warest meine Sonne,
die Sonne, die mir zugebracht Licht, Leben, Freud und Wonne."

Dass N. diese Freude des Himmels nun zuteilwird, und die Sonne des ewigen Lebens für ihn aufscheint, darauf bauen wir und darum bitten wir für ihn. Amen.

„Gott kommt in die Nacht dieser Welt"

Trauersituation: Tod einer kirchlich gebundenen Frau in der Weihnachtszeit.

Schriftstelle: Jes 9,1-6a

Vor wenigen Tagen ist es wieder in unseren Kirchen und Häusern erklungen; das weltweit wohl bekannteste Weihnachtslied. Ohne ist es für viele Menschen einfach nicht Heilig Abend und nicht Weihnachten: gemeint ist *„Stille Nacht, heilige Nacht."*

Obwohl dieses Lied seinen Bekanntheitsgrad wohl eher wegen der zu Herzen gehenden Melodie als aufgrund des Textes hat, so erinnert uns aber gerade der Text und auch der Titel an etwas Wesentliches von Weihnachten: Gott kommt in der Nacht in diese, in unsere Welt.

Er kommt, um die Dunkelheit und Nächte unseres Lebens zu erhellen; er kommt, um Anteil zu nehmen an uns und unserem Leben, an all dem, was uns Angst und Sorge bereitet.

Jesaja hat es in der eben gehörten Lesung so ausgedrückt: *„Das Volk, das im Dunkeln lebt, sieht ein helles Licht. ... Denn uns ist ein Kind geboren." (Jes 9,1.5a)* Seit der Geburt des göttlichen Kindes stehen die Nächte dieser Welt in einem anderen, in einem göttlichen Licht. Durch die Geburt des Kindes gibt uns Gott die Zusage, dass eben nicht Leid, Schmerz und Verzweiflung; dass eben nicht Not und Tod das letzte Wort haben, sondern Liebe und Heilung. Gott gibt uns an Weihnachten die Zusage, dass „die drückenden Jochs und die blutenden Wunden dieser Welt" verwandelt werden. Durch das göttliche Kind sind alle Nächte unseres Lebens geheiligt und geweiht: Weih-nachten.

Auch und ausdrücklich die Nacht und das Dunkel des Todes. Auch hier dürfen wir durch Weihnachten glauben, dass unser Licht „ewig leuchtet", dass wir auf immer bei Gott eingeschrieben sind.

Die Verse aus dem Buch Jesaja waren auch beim vor-weihnachtlichen Gottesdienst am 14. Dezember im Pflegeheim N. zu hören. Mit dabei an diesem

Vormittag war auch N. Es sollte für unsere Verstorbene der letzte Gottesdienst sein.
Nur wenige Tage nachdem sie die Botschaft von der Kraft des göttlichen Kindes von Neuem gehört hat; nur kurze Zeit nachdem sie die Zusage Gottes vernommen hat, dass das göttliche Licht von Betlehem stärker ist, als alles Dunkel, stärker ist, als der Tod, ist diese Verheißung für sie Wirklichkeit geworden. In den Morgenstunden des vergangenen Donnerstages kam für N. die Vollendung ihres Lebens im Tod.

Begonnen hat dieses Leben 19.. als ältestes von drei Kindern in N. Dort arbeitete sie bei der N. Über diese Firma kam sie einige Jahre später dann in Stellung hierher nach N., wo wir heute auch von ihr Abschied nehmen. Bei N. lernte sie ihren Mann N. kennen und lieben. 19.. wurde geheiratet und durch die Kinder N. und N. wurde aus dem Paar dann eine Familie, die sich später durch Enkelkind N. weiter vergrößerte.
Vor so manche Herausforderung wurde N. in ihrem Leben gestellt, ich denke hier zum Beispiel an die Übernahme der Erziehung von Enkel N. Und so manches dunkle Tal hatte die Verstorbene in ihrem Leben zu durchschreiten: vor allem den frühen Tod von Tochter N., der sie sehr getroffen hat.
In diesem Zusammenhang erlitt sie erstmals gesundheitliche Einschränkungen, welche sich vor drei Jahren durch ein Venenleiden verstärkten. Es begann ein schmerzlicher Weg mit wenig Auf und viel Ab, der sie auch immer wieder ins Krankenhaus führte. Im Oktober dieses Jahres ist sie dann schließlich in das Pflegeheim N. umgezogen. Dort ist sie letzte Woche dann doch überraschend verstorben, weil sich ihr Zustand in letzter Zeit zunehmend verbessert hatte. Am Ende aber reichten ihre Kräfte einfach nicht mehr.
Mit N., so sagten Sie es mir beim Vorgespräch, nehmen wir heute Abschied von einem herzensguten, fürsorglichen, offenen, geselligen und kommunikativen Menschen; einer Frau, die aber immer auch wusste, was sie wollte und die einen Sinn für Recht und Ordnung hatte. Ihre Lebensaufgabe, so sagten

Sie weiter, war ihre Familie. Hier war sie Managerin und hielt die Fäden in der Hand. Wichtig war ihr auch die Pflege des großen Freundes- und Bekanntenkreises.

„Das Volk, das im Dunkeln lebt, sieht ein helles Licht. … Denn uns ist ein Kind geboren." (Jes 9,1.5a), schreibt Jesaja. In einem Hymnus aus dem vierten Jahrhundert ist es so ausgedrückt:

> *„Glanz strahlt von der Krippe auf, neues Licht entströmt der Nacht.*
> *Nun obsiegt kein Dunkel mehr, und der Glaube trägt das Licht."*[5]

Die Botschaft der Heiligen Nacht soll uns heute zum Trost und zur Hoffnung werden. Zur Hoffnung, dass auch N. in ihrem Tod nicht in das Dunkel, sondern in das Licht und den Glanz Gottes gefallen ist.
Wir dürfen glauben, dass ihr nun die Freude des Himmels zuteilwird, die Jesaja im göttlichen Kind besingt. Eine Freude, die keinen Schmerz, keine Krankheit, kein Leid und keinen Tod mehr kennt. Und dass sie nun ihrem Schöpfer und Erlöser von Angesicht zu Angesicht schauen darf - in alle Ewigkeit.
Amen.

---

[5] Gotteslob Nr. 227 (Text nach Ambrosius von Mailand, 4. Jahrhundert).

„Auf, werde Licht“

Trauersituation: Tod einer engagierten und vielseitig interessierten Frau am Dreikönigstag.

Schriftstelle: Jes 60,1-5

In den frühen Morgenstunden des 6. Januar letzte Woche, dem Dreikönigstag, ist Ihre Oma und Tante N. im Alter von .. Jahren im Krankenhaus in N. verstorben.

Zwei Tage zuvor, am 04.01., brachten ihr die Sternsinger noch die Botschaft vom göttlichen Kind ans Bett. Sie hatte sich fest vorgenommen, den Gottesdienst am Dreikönigstag am Fernseher mitzufeiern. Dazu ist es dann nicht mehr gekommen.

Der eben gehörte Text stammt aus der Liturgie dieses Festes. Hätte sie es noch erleben dürfen, dann wäre er beim Fernsehgottesdienst verlesen worden. Sie hätte ihn gehört. So habe ich ihn bewusst für ihre heutige Beerdigung ausgewählt.

Licht, als Ur-Symbol für Leben und die damit verbundene Freude, ist das zentrale Motiv dieses Textes. Seine Botschaft: Jesus, das Kind in der Krippe, will allen Menschen dieser Welt Licht bringen, will allen das Dunkel erhellen. Dieser Gott ist für uns alle Mensch geworden. Der Stern von Bethlehem und die Magier, die er zum Kind führt, machen dies deutlich. Und dieses Kind will anstecken mit seinem Licht; will, dass es sich ausbreitet.

„Auf, werde, Licht“ (Jes 60,1a) ruft uns der Prophet Jesaja in der Lesung zu. Dies meint für mich: Strahle in dieser Welt, bringe dich ein, mache diese Welt heller; sorge mit deinen Kräften und Möglichkeiten dafür, dass das Licht Gottes sich ausbreitet. Um im Bild zu bleiben: bringe Licht.

Dieser Satz aus der Liturgie ihres Todestages passt für mich auch sehr gut zu N. Eine vielseitig engagierte und interessierte Frau, wie Sie sie mir geschildert haben. Wo hat sie in den Jahren ihres Lebens nicht überall Licht und Freude gebracht? Sie, das zweite von drei Kindern der Ingenieurs-Familie N. aus N.?

Ich denke hier an ihren Einsatz für den jüngeren Bruder in den frühen Jahren ebenso wie an die Arbeit zuerst in der Verwaltung bei N. und später ab 19.. als „Chefin“ aber auch als treusorgendes „Mädchen für alles“ in der eigenen Flaschnerei in N.
Ihre Oma und Tante N. hat ihr Licht, ihre Kraft nicht für sich behalten, sie hat es weitergeschenkt in der Familie: ich denke hier an die Ehe mit ihrem Mann N. und die Erziehung ihres einzigen Sohnes N. Ich denke hier auch an die Sorge um ihre Enkelkinder.
Ihre Oma und Tante N. hat ihr Licht weitergeschenkt auch außerhalb: in der Unterstützung anderer als Helferin der Organisierten Nachbarschaftshilfe. Als Anerkennung für .. Jahre Einsatz wurde ihr das Elisabethenkreuz verliehen.
Ich denke hier aber auch an ihre Liebe zur Musik als Mitglied im Sängerbund und aktive Sängerin im Singkreis.
Zuletzt sei ihr Einsatz in N. erwähnt, wohin sie aufgrund körperlicher Beeinträchtigungen vor 1 ½ Jahren umziehen musste. Dort ist sie noch einmal sichtlich aufgeblüht und hat sich in der Wäscherei und als Heimbeirat engagiert.

Wo Licht strahlt, gibt es immer auch Schatten. *„Finsternis bedeckt die Erde“* (*Jes 60,2a)*, schreibt Jesaja. Auch dies hat N. in ihrem Leben erfahren.
Ich denke hier an den frühen Tod von Ehemann N. im Alter von .. Jahren 19.. kurz nach dem Umzug in N. und an den Tod von ihrem Sohn N. im Alter von nur .. Jahren wenige Jahre später. Er hatte das elterliche Geschäft weitergeführt, welches durch den Tod dann aufgegeben und verkauft werden musste. Ich denke hier aber auch an den Tod der Schwiegertochter N. Anfang letzten Jahres.

„Auf, werde Licht, denn es kommt dein Licht und die Herrlichkeit des Herrn geht leuchtend auf über dir“ (Jes 60,1). N. hat sich eingebracht in dieser Welt und der Vers des Jesaja bringt sehr schön zum Ausdruck, was ihr dabei Quelle und

in dunklen Stunden Stütze war: das Licht des Glaubens an den lebendigen Gott. Durch Gebet und Gottesdienst, der ihr immer wichtig war, hat sie ihr Licht genährt. Sehr eng war sie bis zuletzt mit ihrer Kirchengemeinde N. verbunden. Mit N. nehmen wir heute Abschied, so weiß ich es aus unserem Gespräch, von einer engagierten und fürsorgenden Frau. Bis zuletzt war sie geistig fit und aktiv, nahm interessiert am Leben teil. Wir nehmen Abschied von einem Familienmensch mit starkem Willen, dem die innere und äußere Ordnung immer wichtig war. Von einer führenden Kraft der Familie N. mit einer zupackenden Art und einem lichterfüllten Herzen.

Der Verlust eines geliebten Menschen schmerzt. Doch das Band, welches im Leben miteinander verbunden hat, die Liebe, kann auch der Tod nicht zerreißen - sie bleibt! Sie bleibt und lebt fort in Gedanken, Erinnerungen von gemeinsam Erlebten und Geschaffenem.

Der Jesajatext über die Wallfahrt der Völker wird uns heute zum Trost. Wir dürfen N. wissen an der Hand Christi, der sie vom Tod hineinführt in das himmlische Licht, welches der Stern von Bethlehem verkündet hat. Und wir dürfen glauben, dass die „Herrlichkeit des Herrn über ihrem Leben aufgeht" (vgl. Jes 60,1b), und „ihr Herz vor Freude bebt" (vgl. Jes 60,5) wenn sie ihrem Gott gegenübersteht, auf den sie vertraut hat - und der Licht und Leben ist.

Amen.

„Durch Kreuz und Leid ins Leben gehen"

Trauersituation: Tod nach langer Krankheit in der Österlichen Bußzeit bzw. an den Kartagen.

Schriftstellen: Joh 19,16a-18.25.28-30 und Mk 16,1-7

Mit den Kartagen vergangene Woche endete die diesjährige Österliche Bußzeit. Dieser, auch Fastenzeit genannte, Abschnitt des Kirchenjahres ist geprägt von Einkehr und Umkehr, Neuausrichtung und Innehalten; von der Besinnung auf das Wesentliche. Ein fester Bestandteil dieser Zeit ist aber auch das regelmäßige Beten und Betrachten des Kreuzweges Jesu. Wir Christen richten unseren Blick auf den Weg Jesu nach Golgota, den Ort des Todes. Der Blick auf den Leidensweg Jesu soll stärken und trösten für den eigenen, manchmal beschwerlichen Lebensweg.

Auch wenn die Bibel diesen Weg nur ganz nüchtern in einem Satz beschreibt, so bezeugt doch die Tradition und auch die Kunst: Der Kreuzweg Jesu ist ein Kraftakt. Schier unmenschliches wird ihm hier aufgeladen. Und er ist ein Auf und Ab. Ein Fallen unter dem Kreuz; ein Aufstehen und Weitergehen des eingeschlagenen Weges. Der Kreuzweg ist für Jesus Belastung und Kampf gegen äußerlich Auferlegtes und körperliche Schwäche. Dennoch geht er diesen Weg ohne Jammern und Klagen bis zum Schluss.

In der Mitte dieser Österlichen Bußzeit 20.. begann für Ihre Mutter, Schwiegermutter, Oma, Freundin und Bekannte N. ein ganz persönlicher Kreuz- und Leidensweg.

Das Kreuz einer Krankheit, welches sie bereits seit über zwanzig Jahren mit allen damit verbundenen Einschränkungen trug, wurde plötzlich zur erdrückenden Last. Am .... diesen Jahres musste Sie deshalb ins Krankenhaus eingeliefert werden und sich einem schwierigen Eingriff unterziehen. Eine Zeit des Hoffens und Bangens, des Fallens, aber auch des Wiederaufstehens und Weitergehens folgte.

Während dieser Zeit, so sagten Sie es mir, war sie eine wirkliche „Kämpferin". Sie hat, so wie es ihr immer zu eigen war, nicht gejammert und geklagt oder mit ihrem Schicksal gehadert, sondern sich mit der ihr zur Verfügung stehenden Kraft entgegengestellt. Und Sie hat sich dabei auch ihre Fröhlichkeit und Verschmitztheit nicht nehmen lassen. Sie hat sich dabei nicht unterkriegen lassen. Dennoch kam es nach einer Zeit der Erholung und Hoffnung wieder zu einem Rückschlag, von dem sie sich nicht mehr erholte. Am Ende reichte ihre Kraft einfach nicht mehr.
Am vergangenen Dienstag ist sie verstorben. Und wie die Frauen und Jünger unter dem Kreuz Jesu, so durften auch Sie, liebe Angehörige, mit dabei sein. Diese Erfahrungen bleiben. Sie können Ihnen nicht mehr genommen werden. Und auch all das Schöne und Wertvolle, das das Leben von N. ausgemacht hat, wird bleiben. Ich denke hier an die fast .. Ehejahre mit ihrem Mann N.; an ihr Wirken als Hausfrau und Mutter der drei Söhne; dann an die Zeit als Großfamilie mit Ihnen, den Schwiegertöchtern und den Enkelkindern, die ihre Oma sehr mochten. Und die vielen ganz persönlichen Erinnerungen und Erlebnisse die jede und jeder mit ihr verbindet. All das kann auch der Tod nicht nehmen.

Mit N. nehmen wir heute Abschied, so erzählten Sie mir, von einer offenen, interessierten, aktiven, ordentlichen und geselligen Frau, die auch gerne und gut gekocht hat. Einer Frau, der vor allem im letzten Jahr noch einmal zwei Höhepunkte vergönnt waren:
Der Weg zurück in die Heimat nach N., wo sie 19.. als jüngstes von drei Kindern geboren wurde. Bei dieser Reise konnte sie Ihnen noch einmal wertvolle Informationen aus ihrem reichhaltigen Erlebnisschatz weitergeben.
Und als zweites, im August die Fahrt nach N. zur Hochzeit ihrer Enkeltochter, welche sie trotz ihres Alters und Gesundheitszustandes und der damit verbundenen Strapazen gerne auf sich nahm und dann auch in vollen Zügen genoss. Auch diese Erlebnisse werden bleiben!

Die Österliche Bußzeit steht nicht für sich allein. Sie endet nicht einfach am Karsamstag mit der Grablegung Jesu, sondern sie kennt einen Übergang hin zur Osternacht. So wie auch der Kreuzweg nach der vierzehnten Station eine fünfzehnte kennt.

Einen Übergang, welchen die Heilige Schrift nicht beschreibt, aber bezeugt: Der Gekreuzigte ist nicht im Grab geblieben, er ist auferstanden, er lebt! Der Tod konnte ihn nicht festhalten.

Er lebt und mit ihm alle, die auf seinen Tod und seine Auferstehung getauft sind, die mit hineingenommen sind in das Geheimnis von Tod und Auferstehung.

So dürfen wir heute, hier an ihrem Sarg glauben, dass der Auferstandene auch für N. am Ende ihres Kreuzweges einen Übergang schafft ins ewige, unverlierbare, göttliche Leben. Ein Leben, das keinen Schmerz, kein Leid, keine Trauer und keinen Tod mehr kennt.

So dürfen wir glauben, dass sie durch Gottes Engel, der den Frauen die Auferstehung verkündigt hat, nun, wie es Psalm 91 besingt, auf Händen getragen wird, dem Himmel entgegen.

Und dass ihr Leben, so wie es war, dort Erfüllung findet und bewahrt bleibt bis zum Wiedersehen beim ewigen Osterfest in der neuen Welt.

Amen.

„Wo die Liebe und die Güte wohnt"

Trauersituation: Tod einer liebevollen und gütigen Frau am Gründonnerstag.

Schriftstelle: 1 Joh 4,7-12

„Ubi caritas et amor, deus ibi est. Wo die Liebe und die Güte wohnt, dort nur ist der Herr."[6] So heißt es in einem Liedvers aus dem 8. Jahrhundert, der jedes Jahr zur Fußwaschung an Gründonnerstag gesungen wird.

Wer liebt, verwirklicht in diesem irdischen Leben den Auftrag und Willen Gottes, unabhängig von aller Konfession und aller religiösen Praxis.

Am Gründonnerstag dieses Jahres ist N. verstorben. An jenem Tag, an dem der eben zitierte Vers beim Gottesdienst gesungen wird: *„Wo die Liebe und die Güte wohnt, dort nur ist der Herr."*

Diese Zusammenfassung passt für mich sehr gut zu dem, was Sie mir über Ihre Mutter und Oma erzählt haben. Denn mit N., so sagten Sie mir beim Vorgespräch, nehmen wir heute Abschied von einem liebenswürdigen, großherzigen, hilfsbereiten, offenen und gütigen Menschen, mit großer Lebensfreude. Von einer Frau, die sich vor allem um das Wohl der anderen gesorgt hat. Den anderen, besonders in der Familie, sollte es gut gehen. Und wo sie etwas dazu beitragen konnte, hat sie es getan. In den frühen Jahren, war dies, nachdem sie bereits mit vier Jahren die Mutter verloren hat, die Sorge um den Vater und die eigene Familie. Schon mit knapp zwanzig hat sie den Haushalt geführt und sich um die Geschwister gekümmert. Später dann hat sie sich vor allem mit ihren handwerklichen Fähigkeiten, die ihr geschenkt waren, eingebracht, wann und wo es nötig war: ob beim Tapezieren, Teppich legen oder ganz besonders beim Nähen.

Und diese Sorge und Güte, dieses hilfsbereite Tun aus Liebe wird von ihr bleiben; wird sie uns in Erinnerung behalten lassen. Die Liebe und Güte, die

[6] Gotteslob Nr. 445.

Ihnen N. in ihrem irdischen Leben geschenkt hat, wird bleiben und sie über den Tod hinaus verbinden. Diese Spur der Liebe wird in ihren Herzen weiter leben.

Dass die Liebe, die ein Mensch gegeben hat, durch den Tod nicht erlischt, liegt am Wesen der Liebe. Die Lesung aus dem 1. Johannesbrief hat davon gesprochen, dass die Liebe aus Gott ist. Oder wie es der Brief in Vers 8 sagt: Gott ist die Liebe. Die Liebe ist der göttliche Urgrund in uns Menschen - der unsterbliche Urgrund. Und wer liebt, so sagt Johannes weiter, der tut etwas Göttliches, Ewiges. Und deshalb hat jede Tat aus Liebe von uns Menschen schon Anteil an der Ewigkeit. *„Wer liebt … erkennt Gott. Wer nicht liebt, hat Gott nicht erkannt." (1 Joh 4,8).* Deshalb schmerzt es uns Menschen auch besonders, wenn lieblos und verletzlich an uns gehandelt wird. Denn dadurch wird der göttliche Grund in uns missachtet.

„Ubi caritas et amor, deus ibi est. Wo die Liebe und die Güte wohnt, dort nur ist der Herr." Wer liebt, hat Anteil an der Ewigkeit. „Liebe - und dann tue was du willst." So hat dies der heilige Augustinus in anderen Worten zusammengefasst.

Und so dürfen wir heute, im Blick auf das Leben von N. und der Botschaft des 1. Johannesbriefes voll Zuversicht glauben, dass die Liebe und Güte, welche die Verstorbene zu Lebzeiten geschenkt hat, nun bei Gott, der selbst durch und durch Liebe ist, ihre Erfüllung findet.

Wir dürfen glauben, dass Gott all das, was das Leben von N. ausgemacht hat - das, was sie aus Liebe getan hat und auch das, was aus menschlicher Schwäche unterblieben ist - vollendet und verwandelt und mit hinein nimmt in das neue, ewige Leben in seiner Liebe.

Amen.

„Seht, der Stein ist weggerückt“

Trauersituation: Tod nach einer Zeit der Krankheit am Karsamstag.

Schriftstelle: Mk 16,1-7

In den frühen Morgenstunden des vergangenen Samstags ist N., wenn auch nach einer Zeit der Krankheit, dann doch überraschend, da er sich wieder erholt hatte, verstorben. Der vergangene Samstag war ein besonderer Samstag im Kirchenjahr. Wenige Stunden zuvor, bei der Liturgie an Karfreitag, haben Christen in Deutschland und weltweit des Kreuzestodes Jesu gedacht. Der vergangene Samstag war der Karsamstag 20.., der Tag an dem die Kirche auf die Feier der Auferstehung wartete, welche für gewöhnlich in den Abendstunden des Karsamstages oder den frühen Morgenstunden des Ostersonntages begangen wird.

Beim Auferstehungsgottesdienst war jener Text aus dem Markus-Evangelium zu hören, den auch ich eben gelesen habe: Drei Frauen sind am Morgen des Ostertages unterwegs zum Grab. Sie suchen Jesus, den Gekreuzigten, doch er ist nicht mehr hier; er ist nicht mehr im Grab. Die Botschaft dieser Nacht ist auch die Botschaft, die uns heute hier zusammengeführt hat: der Stein ist beweglich, er drückt nicht mehr zu Tode, das Grab ist offen. Und ER, der gekreuzigt wurde, hat jetzt das Leben, das ewige, göttliche, unverlierbare Leben.

Der Engel verkündet den Frauen die Auferstehung Jesu und macht damit deutlich: das Grab ist nicht mehr Ort des Todes, sondern Ort des Lichtes und des Lebens.

Und heute, hier an seinem Sarg, dürfen wir glauben, dass diese Zusage, die unser Gott jedes Jahr an Ostern erneuert, auch unserem Verstorbenen gilt: Du Mensch wirst im Tod nicht untergehen, sondern verwandelt werden und auferstehen zum ewigen Leben. Zu einem Leben, das keinen Schmerz, keine

Krankheit und keinen Tod mehr kennt. All das, wird von dir genommen. Nicht zuletzt auch für das Alles steht der weggerückte Stein am Grab.
Wir dürfen glauben, dass der Auferstandene an diesem Samstag, an dem die Christen das Fest der Auferstehung gefeiert haben, auch N. in diese Bewegung hin zum ewigen Leben mit hineingenommen hat, mit all dem, was sein Leben ausgemacht und geprägt hat. Die schönen Zeiten ebenso, wie die schweren.
Ich denke hier zuallererst an die fast .. Ehejahre mit seiner Frau N.; an die Geburt der zwei Kinder, von denen das zweite jedoch bereits kurz nach der Geburt verstorben ist, welche das Paar zur Familie werden ließ. Ich denke hier aber ebenso an seine Leidenschaft für Pferde - mehrere Jahre seines Lebens hat er diese Leidenschaft als Kutscher auch zu seinem Beruf gemacht - für den Garten, oder das Basteln und Sammeln von Dingen jeglicher Art. Nicht zu vergessen seine Freude an Kaffeefahrten dann in der Zeit des Ruhestandes.
Ich denke hier aber auch an die Zeit seiner Kriegsgefangenschaft - noch mit 17 Jahren wurde er eingezogen - und den Verlust der Heimat N., wo er als jüngstes von zwei Kindern auf einem Bauernhof geboren wurde. Nicht zu vergessen dann in den letzten Jahren seine zunehmenden Einschränkungen aufgrund von Alter und Krankheit.

Mit N. - so sagten Sie es mir - nehmen wir heute Abschied von einem sparsamen, bescheidenen, einfachen und ruhigen Menschen, der aber immer auch ein „Schaffer“ war. In verschiedenen Berufen verdingte er sich Zeit seines Lebens, am längsten bei der Firma N.

Seht, der Stein ist weggerückt,
nicht mehr, wo er war.
Nichts ist mehr am alten Platz,
nichts ist, wo es war.

Seht, das Grab ist nicht mehr Grab;
tot ist nicht mehr tot;
Ende ist nicht Ende mehr;
nichts ist, wie es war.[7]

So schreibt es der Dichter Lothar Zenetti in einer modernen Abwandlung zum Evangelientext von Markus. Und doch hat er den gleichen Kern: Sterben in Christus bedeutet nicht Ende, sondern Anfang. Anfang eines neuen Lebens bei Gott.

Dieses neue Leben in Fülle erbitten wir heute für unseren Verstorbenen.

Amen.

---

[7] Gotteslob Nr. 800. Ausgabe für das Bistum Rottenburg-Stuttgart und das Erzbistum Freiburg.

„Jauchzt vor dem Herrn"

Trauersituation: Tod einer lebensfrohen Frau in der Osterzeit.

Schriftstelle: Ps 98

Passt das eben gehörte zu einer Beerdigung? Ein Loblied auf den Herrn? *„Jauchzt vor dem Herrn, alle Länder der Erde, freut euch, jubelt und singt!" (Ps 98,4)?*

Es passt! Denn zuallererst ist das Christentum eine Religion der Freude, der äußerlichen, wie der innerlichen; auch wenn dies im Alltag oft nicht zu spüren ist.

Und es passt für mich vor allem im Blick auf das, was Sie mir über Ihre verstorbene Mutter und Oma erzählt haben!

Mit N. nehmen wir heute Abschied von einer lebensfrohen, geselligen, selbstbestimmten, schlagfertigen und selbstbewussten Frau. Ihre Freude galt u. a. den Menschen, sie war gern in Gesellschaft; sowie dem Reisen, viel von der Welt hat sie gesehen; außerdem dem Kochen, mit dem sie ihre Lieben verwöhnt hat und auch dem Singen. „Lachets doch!" Das war einer ihrer häufigen Sätze und auch ihr Lebensmotto.

Diese Lebensfreude hat N. auch weitergegeben, an ihre Tochter und auch an ihre Enkelin, der sie zugleich, vor allem in den ersten Jahren, auch Mutter war. Auch so manches Schwere, das der Verstorbenen widerfahren ist, konnte ihr diese Lebensfreude nicht nehmen. Ich denke hier an den frühen Tod ihres Mannes N., mit dem sie erfüllte Jahre hatte. Ich denke hier an den Abschied von ihrem Schwiegersohn, der bereits vor ihr gehen musste. Ich denke hier aber auch an die Einschränkungen aufgrund ihrer Krankheit, welche sie die letzten Jahre und vor allem die letzten Wochen tragen musste. In dieser Zeit haben Sie, liebe N., ihr all die Freude, die Sie von ihr empfangen haben, durch liebevolle Sorge und Pflege zurückgegeben.

N. hat das Leben geliebt. Aber sie war sich in den letzten Wochen ihrer Endlichkeit wohl bewusst. Als ihre Kräfte nun zu Ende gingen, wollte sie sterben. Am vergangenen Montag durfte sie nun gehen; zu Hause in N., wo sie seit 19.. lebte. Und Sie, liebe Frau N., konnten mit dabei sein.

Das Christentum ist eine Religion der Freude. Am Stärksten wird dies in der Osterzeit hör- und spürbar. In diesen sieben Wochen ist die Liturgie mehr als sonst geprägt vom Halleluja, vom Jubelruf. Vom Siegesruf über den Tod.
Das Christentum feiert die wunderbarste Tat des Herrn (vgl. Ps 98,1). Er war treu und hat seinen Sohn nicht im Tod gelassen. Er hat ihn auferweckt und damit uns allen Anteil am ewigen, göttlichen Leben gegeben.
So dürfen wir heute, hier an ihrem Sarg glauben, dass nun auch N., nach der Freude des Lebens, die ewige Freude des Himmels offen steht. Dass Gott ihr ewiges, göttliches Leben schenkt.
Gewähr dafür ist der Auferstandene. Denn durch ihre Taufe ist sie mit hineingenommen in das Geheimnis von Tod und Auferstehung.
„Mensch lerne lachen - sonst wissen die Engel im Himmel nichts mit Dir anzufangen.", so ein Zitat frei nach dem Kirchenlehrer Augustinus.
Und so wie die Verstorbene dies im Leben verwirklicht hat, so dürfen wir glauben, dass sie es nun ebenso im Himmel tut, zur Freude Gottes und seiner Engel.
Bis zum Wiedersehen in der ewigen Gemeinschaft des Himmels.
Amen.

„Guter Hirt, du Brot des Lebens"

Trauersituation: Tod einer kirchlich gebundenen Frau nach langer Krankheit um Fronleichnam

Schriftstelle: Joh 6,51.57-58

„Guter Hirt, du Brot des Lebens, wer dir traut hofft nicht vergebens, geht getrost durch diese Zeit. Die du hier zu Tisch geladen, ruf auch dort zum Mahl der Gnaden, in des Vaters Herrlichkeit."[8]

Wenige Stunden bevor dieser Vers aus der Fronleichnams-Sequenz „Lauda Sion Salvatorem" von Thomas von Aquin in den Kirchen und auf den Straßen in diesem Jahr bei der Feier dieses kirchlichen Hochfestes gesungen wurde, ist Ihre Mutter, Oma, Ur-Oma, Freundin und Bekannte N. nach einer langen Zeit der Krankheit im Pflegeheim verstorben.

Sowohl dieser Vers, als auch der Todestag selbst, das Fronleichnamsfest, passen für mich sehr gut zum Leben der Verstorbenen. Nicht nur, weil N. so lange es ihre Gesundheit zuließ, diesen Tag gerne und oft mitgefeiert hat und ihrem Interesse auch den Blumenteppichen galt, die an diesem Fest die Straßen schmücken, sondern vor allem, weil das Kennzeichen des Fronleichnamstages die Prozession ist, das „Unterwegs-Sein". Aber es ist nicht einfach eine Wanderung oder ein Spaziergang, es ist ein „Unterwegs-Sein, mit dem „Brot des Lebens" wie es Thomas von Aquin in seiner Sequenz ausdrückt; ein Weg mit *„dem lebendigen Brot, das vom Himmel herabgekommen ist" (Joh 6,51),* wie wir es in der Lesung vom Festtag, die ich auch für diese Trauerfeier ausgewählt habe, gehört haben.

Fronleichnam bringt zum Ausdruck, dass für den gläubigen Menschen, Jesus Christus mit auf dem Weg ist, dass er zur Seite steht, auch und gerade in den schweren Stunden des Lebens. Er, der selbst den Weg durch Leid und Tod gegangen ist. Wir tragen an Fronleichnam den durch die Straßen der Stadt,

[8] Gotteslob Nr. 878, Strophe 4. Ausgabe für das Bistum Rottenburg-Stuttgart und das Erzbistum Freiburg; (Text nach Thomas von Aquin).

von dem wir glauben, dass ER UNS TRÄGT, vom Anfang bis hinein in die Ewigkeit. Auch das Lied *„Jesu, geh voran"*[9], welches wir zu Beginn gemeinsam gesungen haben, bringt diese Wegbegleitung ganz wunderbar zum Ausdruck. Viele Jahre hat N. bei den Gottesdiensten zu Fronleichnam diese Zusage vernommen und sie sich durch ihr mitgehen bei der Prozession zu eigen gemacht.

Wenn wir im Angesicht des Todes von einem geliebten und vertrauten Menschen Abschied nehmen müssen, dann bündelt sich vor unseren inneren Augen nochmals der gemeinsame Weg, das Erfahrene und Erlebte. Wir schauen zurück auf das, was dieses Leben ausgemacht und geprägt hat.
Bei N. gehört hierzu sicherlich die Erfahrung von Krieg und Vertreibung in den jungen Jahren, als sie ihre Heimat, den Böhmerwald verlassen musste und ab 19.. in N. sesshaft geworden ist. Eine Heimat, an der sie zeitlebens hing und die sie gerne und oft, auch zusammen mit ihren Kindern besuchte. Nicht zuletzt deshalb, singen wir zum Abschluss hier in der Kirche miteinander das Böhmerwaldlied.
Ich denke hier aber auch an ihre Familie: an die Ehe mit ihrem Mann N., die jedoch bereits nach .. Jahren ein plötzliches Ende durch seinen Tod mit .. Jahren fand. Ein Verlust, an dem die Verstorbene schwer getragen hat. Außerdem an die Kinder N., welche das Paar zur Familie machten, sowie die Enkel, zu denen die Oma immer einen guten Draht hatte; nicht zu vergessen die Ur-Enkelin N.
Zum Lebensweg von N. gehört aber auch der letzte schwere und steinige Abschnitt, der durch ihre Krankheit bestimmt war. Eine Krankheit, wegen der sie 20.. ins Pflegeheim umziehen musste und die ihr zunehmend die Kräfte raubte, bis sie heute vor zwei Wochen verstorben ist.
Mit N., so sagten Sie mir beim Vorgespräch, nehmen wir heute Abschied von einer offenen, freundlichen, lebensfrohen und geselligen Frau, mit einer Lei-

[9] Evangelisches Gesangbuch Nr. 391 (Ausgabe für Württemberg).

denschaft für den Garten und auch für das „Einkaufen“. Solange es ihre Gesundheit zuließ, war es für die Verstorbene das Größte „shoppen zu gehen“.

„Guter Hirt, du Brot des Lebens, wer dir traut hofft nicht vergebens, geht getrost durch diese Zeit. Die du hier zu Tisch geladen, ruf auch dort zum Mahl der Gnaden, in des Vaters Herrlichkeit.“

Wer in diesem Leben seine Hoffnung auf Gott setzt, der darf auch in der Ewigkeit auf ihn bauen. Jesus Christus, der Sohn Gottes, eröffnet ein Leben in Ewigkeit, so bringt es der Evangelist Johannes in der Lesung auf den Punkt.

N. hat ihr Leben an Christus festgemacht. Auf seinen Namen war sie getauft und hat zeitlebens diese Verbindung gepflegt, so sagten Sie mir. So lange es ihr gesundheitlich möglich war, gehörte für die Verstorbene der Gottesdienstbesuch, die Beziehungspflege zu Jesus Christus, dazu.

So dürfen wir heute, wo wir von ihr Abschied nehmen und ihre Asche zur Ruhe betten auch glauben, dass ihr der gute Hirt, Jesus Christus, nun entgegengeht und sie heimführt in Gottes Reich, das keine Krankheit, keinen Schmerz und keinen Tod mehr kennt. Wir dürfen glauben, dass der auferstandene Herr, sie nun - wie es Thomas von Aquin ausdrückt - zu Tische bittet in der Herrlichkeit des Himmels.

Amen.

„Geh aus, mein Herz, und suche Freud“

Trauersituation: Tod einer dementiell erkrankten Frau mit großer Lebensfreude in der Sommerzeit.

Schriftstelle: Joh 14,1-6

Unter dem großen literarischen Vermächtnis des evangelischen Dichters und Pfarrers Paul Gerhardt befindet sich das wunderbare „Sommerlied“ *„Geh aus, mein Herz, und suche Freud.*[10]*“*

In dieser Komposition bringt Paul Gerhardt seine Freude über die Schönheit der Schöpfung zum Ausdruck. In insgesamt fünfzehn Strophen meditiert er gleichsam die Vielfalt des Lebens, welches wir in Pflanzen, Tieren und Menschen bestaunen dürfen.

Die schwungvolle Melodie von August Harder unterstreicht die Lebensfreude, welche der Dichter durch das Lied wecken will.

Sie, liebe Angehörige, haben dieses Lied für die heutige Trauerfeier ausgewählt, um zu unterstreichen, was für Sie im Leben von N. besonders bedeutsam war: ihre Freude am Leben.

Mit der Verstorbenen, so sagten Sie mir weiter, nehmen wir heute Abschied von einer geselligen, aktiven, unternehmungsfreudigen und selbstbestimmten Frau. Auch wenn all diese Dinge in den über zehn Jahren ihrer Erkrankung mehr und mehr zurückgingen, so hat sie sich doch, so haben Sie betont, ihre Lebensfreude bewahrt. In den späten Jahren kam dazu noch ein trockener Humor. „Trotz der Demenz war sie gut drauf!“, so drückten Sie sich aus. Bis in die letzten Tage hinein haben sie miteinander gelacht.

Wenn wir, so wie heute, von einem geliebten und vertrauten Menschen Abschied nehmen, dann schauen wir nochmals auf den gemeinsamen Weg, auf das Erfahrene und gemeinsam Erlebte.

---

[10] Evangelisches Gesangbuch Nr. 503 (Ausgabe für Württemberg).

Bei N. gehört hierzu sicherlich die Erfahrung von Krieg und Vertreibung in den jungen Jahren. Geboren 19.. als erstes von zwei Kindern in N. in der heutigen Slowakei musste sie 19.., zusammen mit der Familie, umsiedeln und landete über mehrere Stationen hier in N., wo wir sie heute auch auf dem letzten irdischen Weg begleiten.

Der Kontakt zur verlassenen Heimat war ihr wichtig. Gerne nahm sie an den Heimattreffen teil, trug dazu in jungen Jahren auch die Tracht aus N. oder las die Heimatzeitung.

Ich denke hier aber auch an ihre Familie: an die Ehe mit ihrem Mann N., von dem sie bereits nach .. Ehejahren Abschied nehmen musste. Außerdem an die Kinder N. und N., welche das Paar zur Familie machten und die Schwiegertöchter, durch die sich die Familie weiter vergrößerte, sowie die beiden Enkel und das Ur-Enkelkind.

Nicht zu vergessen die vielen Arbeitsjahre bei N., wo die Verstorbene mit ihrem Mann Wechselschicht geschafft hat, um die Familie gut durchzubringen und gleichzeitig Zeit für die Kinder zu haben.

Zum Lebensweg von N. gehört sicher auch die Krankheit, wegen der sie 20.. ins Pflegeheim umziehen musste. Dennoch haben Sie sich alle Mühe gegeben, Ihre Mutter zu begleiten.

Von einem gesundheitlichen Einbruch vor einigen Wochen erholte sie sich nun nicht mehr. Ihre Kräfte waren aufgebraucht, als sie am vergangenen Montag verstorben ist.

Das anfangs zitierte Lied von Paul Gerhardt, welches wir im Anschluss an diese Predigt auch miteinander singen werden, nimmt mit Strophe acht eine Wendung. Von der Freude am Diesseits, an der Schönheit der Schöpfung, lenkt er den Blick auf das Jenseits, auf die Begegnung des Menschen mit Gott. Das Bild der Natur wird abgelöst und überhöht durch das Bild des Paradieses, in dem der Mensch einst die Nähe Gottes genießt. Die Wohnung Gottes, so Gerhardt, ist herrlicher als alle irdischen Behausungen.

Die Schönheiten der Natur, die der Dichter in den ersten sieben Strophen beschreibt, sind Vorboten dessen, was einst kommen wird.

Genau diesen Blick nimmt Jesus auch im Evangelium ein, wenn er von den Wohnungen im Hause des Vaters spricht (Joh 14,2). Wie Paul Gerhardt in seinem Lied, so macht er deutlich, dass dieses Leben nur ein vorläufiges ist und wir nach dem Tod zu einem neuen und ewigen Leben bei Gott berufen sind.

Wir Christen dürfen glauben, und Jesus Christus ist Garant dafür, dass wir im Tod, nicht in ein großes Loch, sondern in die offenen Arme Gottes fallen.

Wir dürfen glauben, dass Jesus Christus, auf dessen Name sie getauft war, nun auch N., zum Paradies erwählt und sie im Tod zur Freude des ewigen Lebens führt.

Amen.

„Entrissen der Macht der Finsternis"

Trauersituation: Tod einer älteren Frau im November (um Allerheiligen).

Schriftstellen: Kol 1,12-20

Am letzten Wochenende (vor einigen Tagen) war Uhrumstellung. Die Tage werden wieder kürzer. Am Abend wird es früher dunkel. Mit dem 1. November hat schon bei den heidnischen Völkern die kalte und „dunkle Jahreszeit" begonnen. Und ob wir es zugeben oder nicht, das Dunkel macht uns Menschen oft Angst. Jedem einzelnen von uns!

Niemand ist gerne auf einer schlecht ausgeleuchteten Straße unterwegs; niemand macht gerne einen Waldspaziergang ohne Fackeln in dunkler Nacht; und wenn, was in unseren Breiten eher selten ist, doch einmal der Strom und damit das Licht ausfällt, dann zünden wir sofort Kerzen an.

Die Angst vor der Dunkelheit ist eine UR-Angst des Menschen. Auch die Erfindung der Elektrizität, und somit Helligkeit 24 Stunden lang, hat uns diese Angst nicht nehmen können.

So ist es nicht verwunderlich, dass das Dunkel auch symbolische Bedeutung hat: In der Heiligen Schrift ist das Dunkel Sinnbild für Unheil und Zerstörung; letztlich für den Tod. Die Totenwelt der Bibel ist das Land der Finsternis.

Jeder Mensch trägt in seinem Unterbewusstsein die Angst vor dem Dunkel und somit auch die Angst vor dem Tod. Denn wir wissen, früher oder später ist unser Leben zu Ende. So sehr wir auch in diesem Leben Lichter anzünden - die Angst vor dem Dunkel des Todes bleibt!

N. hatte diese Ur-Angst in den letzten Wochen nicht. Sie wollte gehen. Am vergangenen Montag, dem Allerheiligentag, im Alter von 88 Jahren ging ihr Wunsch in Erfüllung. Lange Jahre war ihr der Grabbesuch an diesem Tag wichtig - bei jedem Wetter. Nun durfte sie an diesem Tag heimgehen zu ihrem Schöpfer. Zu dem, von dem Paulus schreibt: *„Dankt dem Vater mit Freude! Er hat uns der Macht der Finsternis entrissen!" (Kol 1,12a.13a)* Paulus schreibt an

seine Gemeinde die Antwort des Glaubens auf das Dunkel der Menschen, auf das Dunkel des Todes. Der Text setzt der Dunkelheit des Todes ein Licht der Hoffnung entgegen.
Diese Hoffnung ist es auch, die uns heute hier zusammengeführt hat, diese Hoffnung ist es, die uns heute im Angesicht des Todes, das Leben feiern lässt.

Geboren wurde N. 19.. als zweites von vier Kindern in N. 19.. wurde sie aus ihrer Heimat vertrieben, die ihr immer wichtig war. Nach einigen Zwischenstationen in N., kam sie nach dem Tod ihres Mannes im Jahr 19.. nach N., wo sie nun auch ihren letzten Platz finden wird.
Geprägt hat das Leben von N. die .. Ehejahre mit ihrem Mann N., unter dessen Verlust sie sehr litt. Der Freude an den zwei Kindern und vier Enkelkindern und ihrer Arbeit. Sei es das Putzen oder das Nähen. Gern, war sie, solange es ihr möglich war, aktiv und immer zur Stelle, wenn sie gebraucht wurde.
Geprägt war ihr Leben aber auch von den zunehmenden körperlichen Einschränkungen in den letzten Jahren, die sie dann auch in das Pflegeheim umziehen ließ.
Mit N. nehmen wir heute Abschied von einer Frau mit starkem Willen. Von einer prägenden Kraft der Familie N., mit einer zupackenden Art und einer Herzensgüte.

Gern zünden wir beim Begräbnis oder auf Gräbern Lichter an, vor allem an den Tagen um Allerheiligen. Sie sind im christlichen Glauben vor allem Zeichen für Jesus Christus, den Erstgeborenen der Toten; für den, der von sich sagt: *„Ich bin das Licht der Welt. Wer mir nachfolgt, wird nicht in der Finsternis umhergehen, sondern das Licht des Lebens haben (Joh 8,12)“.* Jesus sagt nicht: Ich bringe euch Licht, er sagt ich **bin** das Licht: **Ich** schenke unzerstörbares, ewiges Leben. Licht, das Ursymbol für geglücktes und sinnerfülltes Leben.

Heute an diesem Tag, an dem uns das Dunkel des Todes aufscheint, dürfen wir auf dieses Licht blicken, dem auch N. in ihrem Leben nachgefolgt ist.
Wir dürfen glauben, dass ihr Herr, mit dem sie zu Lebzeiten verbunden war, ihr nun auch Anteil an den *„Heiligen im Licht“* gibt, wie Paulus es ausdrückt.
Und wir dürfen glauben, dass ihr Leben in diesem Licht Erfüllung findet und bewahrt bleibt bis zum Wiedersehen in der neuen Welt, die eine moderne Dichterin so umschreibt:

(Dort) wirst du den Tod in uns wandeln in Licht,
dem Leben gibst du ein neues Gesicht,
die Tränen trocknen, die Trauer zerbricht,
denn du stehst auf, du bist Leben und Licht. [11]

Amen.

---

[11] Aus dem Lied: „Du wirst den Tod in uns wandeln„ von Kathi Stimmer-Salzeder, in: Spielmann Gottes sein. Liedsammlung Orientierung an Franziskus, 2001, Lied-Nr. 205.

„Ich bin die Auferstehung und das Leben"

Trauersituation: Tod einer älteren Frau am Allerseelentag.

Schriftstellen: Joh 11,21-27

Am Freitag, 2. November ist N. verstorben. Der 2. November ist der Allerseelentag. Wenige Stunden vor ihrem Tod in den frühen Morgenstunden haben sich Menschen auf den Friedhöfen unserer Stadt - auch hier - versammelt um ihrer Verstorbenen zu gedenken. Gedenken meint erinnern und erinnern heißt in Verbindung bleiben, nicht vergessen. Grund dieser Verbindung ist der Glaube, dass den Verstorbenen nach dem irdischen Leben, ein ewiges Leben bei Gott geschenkt ist.
Dies ist auch der Grund, warum wir uns heute hier zur Trauerfeier versammelt haben. Wir feiern nicht den Tod, sondern die Verheißung und die Hoffnung auf ein ewiges, unverlierbares Leben mit und bei Gott.

Der eben gehörte Schrifttext stammt aus dem Gottesdienst vom Allerseelentag, dem Todestag von N. Darin kommt der Grund dieser Hoffnung zum Ausdruck und es wird auch der Gewährsmann für die Verbindung über den Tod hinaus genannt: Jesus Christus, der im Evangelium Marta und damit auch uns die Zusage gibt*: „Ich bin die Auferstehung und das Leben. Wer an mich glaubt, wird leben, auch wenn er stirbt." (Joh 11,25-26).*
Und er verbindet diese Zusage mit einer Frage, die zum Bekenntnis aufruft: *„Ich bin die Auferstehung und das Leben - Glaubst du das?"*
Vielen Menschen fällt es zunehmend schwer, an die Auferstehung zu glauben. Auch zahlreiche Christen können mit einem Leben nach dem Tod nicht viel oder nichts mehr anfangen. Das hat viele Gründe.

„Ich bin die Auferstehung und das Leben - Glaubst du das?"
Ich weiß nicht welche Antwort N. auf diese Frage gegeben hätte. Aber ich weiß, dass die Zusage die Jesus Marta und allen Menschen gibt auch für sie gilt.

„Ich bin die Auferstehung und das Leben", sagt Jesus. Damit meint er, dass jeder, der zu ihm gehört, zu einem neuen Leben berufen ist, das keinen Schmerz, keine Klage und keinen Tod mehr kennt.
N. gehörte zu Jesus, auf den Glauben an die Auferstehung wurde sie getauft. Und Zeit ihres Lebens hat sie diese Verbindung gehalten.
So gilt auch ihr nun die Zusage, dass ihr Leben, so wie es war, mit dem Schönen und dem Schweren mit hineingenommen ist in die Auferstehung Jesu.

Diese Zusage gehört zu den zentralen Texten der Glaubensverkündigung Jesu; sie ist zentrales Element einer jeden Trauerfeier.
Und in dieser zentralen Aussage hat alles Platz, was das Leben von N. ausgemacht und geprägt hat.
Ich denke hier an die .. Ehejahre mit ihrem Mann N., von dem sie aber bereits vor .. Jahren Abschied nehmen musste. Ein Abschied, der sie geschmerzt und getroffen hat. An die Geburt der Söhne, sowie die Enkelkinder und die Ur-Enkel. Ich denke hier aber auch an ihre Zeit bei der Fa. N. hier in N., wo Sie sich als Betriebsratsvorsitzende für Mitarbeiterinnen und Mitarbeiter eingesetzt hat.
Zu ihrem Leben gehört aber auch die Erfahrung von Flucht und Vertreibung aus der Heimat im Riesengebirge. Und auch die letzten schweren Jahre, die bestimmt waren durch zunehmende gesundheitliche Einschränkungen, vor allem auch im geistigen Bereich. Aus diesem Grund ist sie im Jahr 20.. von der Wohnung nach N. gezogen.
Mit N., so sagten Sie es mir, nehmen wir heute Abschied von einer fürsorglichen, engagierten und geselligen Frau, die aber auch immer wusste, was sie wollte. Die Pflege des großen Freundes- und Bekanntenkreises war ihr wichtig, ebenso das „Unterwegs- und aktiv sein."

Der Tod eines Menschen macht uns immer wieder aufs Neue bewusst, dass dieses Leben, das irdische, immer vorläufig ist, dass es uns vorbereitet für das neue Leben in und bei Gott.

Im zweiten Text vom Allerseelentag aus dem Buch Jesaja heißt es: *„Gott beseitigt den Tod für immer. Er wischt die Tränen ab von jedem Gesicht." (Jes 25,8)*

Und so dürfen wir heute glauben, dass unser Auferstandener Herr Jesus Christus auch N. zu einem neuen Leben bei Gott ruft. Zu einem neuen und anderen Leben, das keine Krankheit und keinen Schmerz mehr kennt; ein Leben, das geprägt ist von Verwandlung, Veränderung und Versöhnung, Friede, Freude und Trost.

Amen.

„Und doch ist einer, welcher dieses Fallen unendlich sanft in seinen Händen hält.“

Trauersituation: Tod eines älteren und ruhigen Mannes im Herbst. Predigt unter Einbezug des Gedichtes „Herbst“ von Rainer Maria Rilke.

Schriftstelle: Joh 11,21-27

Die Natur stellt es uns in diesen Tagen wieder ganz eindrücklich vor Augen: die Schöpfung ist der Vergänglichkeit unterworfen. Zu unserer Welt gehört ein Werden und Vergehen.

Der Winter nähert sich. Die Natur stirbt ab. Die Vielfalt und Schönheit hat sich zurückgezogen: die Farben der Blumen, das saftige Grün der Blätter ist dahin. Das Sterben und Loslassen gehört zur Natur und damit auch zum Leben von uns Menschen. Und es ist manchmal ein schmerzlicher Prozess, wenn die Lebenskraft Stück für Stück versiegt.

Der Dichter Rainer Maria Rilke hat dies in ganz wunderbare Worte gefasst, wenn er in seinem Gedicht „Herbst“ schreibt:

Die Blätter fallen, fallen wie von weit,
als welkten in den Himmeln ferne Gärten;
sie fallen mit verneinender Gebärde.
Und in den Nächten fällt die schwere Erde
aus allen Sternen in die Einsamkeit.
Wir alle fallen. Diese Hand da fällt.
Und sieh dir andre an: es ist in allen.[12]

Wir alle fallen. Wir alle sind dem Los der Vergänglichkeit unterworfen. Für N., von dem wir heute Abschied nehmen, ist dieses Los, von dem wir alle wissen, am vergangenen Samstag Wirklichkeit geworden. Er ist im Alter von .. Jahren

---

[12] Aus: Rainer Maria Rilke, Das Buch der Bilder.

verstorben. Doch wenn der Zeitpunkt kommt, ist und bleibt es schmerzlich und traurig, weil ein vertrauter Mensch plötzlich fehlt.

Wenn wir Menschen mit der Endgültigkeit des Todes, mit der Vergänglichkeit des Menschen konfrontiert werden, dann halten wir inne und Blicken auf das Leben des Verstorbenen zurück, auf das, was es geprägt und ausgemacht hat. Ich denke hier zuallererst an die über .. Ehejahre mit seiner Frau N. aber auch an Tochter N., durch die das Paar zur Familie wurde.
Mit N., so sagten Sie mir beim Vorgespräch, nehmen wir heute Abschied von einem in sich gekehrten, ruhigen und schweigsamen Menschen, der gerne für sich war. Auch seine Interessen machen dies gut deutlich: etwa das Angeln oder der Modellbau. Bei diesen Dingen geht es nicht darum, große Worte zu verlieren.
Wir nehmen heute Abschied von einem Mann, dessen Leidenschaft in den früheren Jahren aber auch der Musik galt und der vor allem in der Zeit des Ruhestandes gerne und viel gereist ist.

Wir alle fallen. Wir alle sind dem Los der Vergänglichkeit unterworfen. Dies wird uns heute wieder schmerzlich vor Augen geführt. In diese Situation hinein hören wir heute die Zusage Jesu: *„Ich bin die Auferstehung und das Leben." (Joh 11,25).* Damit meint er, dass jeder, der zu ihm gehört, auch nach dem Tod zum Leben berufen ist; zu einem neuen Leben, das keinen Schmerz, keine Klage und keinen Tod mehr kennt.
Auf den Glauben an die Auferstehung werden wir getauft. So gilt uns auch die Zusage, dass unser Leben nach dem Tod, so wie es war, mit dem Schönen und dem Schweren mit hineingenommen ist in das Geheimnis der Auferstehung Jesu.

Diese Zusage Jesu im Evangelium, drückt Rilke am Schluss seines Gedichtes so aus:

Und doch ist Einer, welcher dieses Fallen
unendlich sanft in seinen Händen hält.

Dieser Eine ist für uns Christen der auferstandene Herr Jesus Christus. Und so dürfen wir heute, hier an diesem Sarg, glauben, dass unser Herr auch N. zu einem neuen Leben bei Gott ruft.
Dieses neue Leben erbitten wir heute für unseren Verstorbenen.
Amen.

2. Traueransprachen zu Symbolen und in besonderen Situationen

„Heute ist euch der Retter geboren"

Trauersituation: Tod eines politisch und sozial engagierten Mannes, der gerne Krippen gebaut hat. Auch innerhalb der Weihnachtszeit möglich. (Symbol: Krippe).

Schriftstelle: Lk 2,1-14

Nein, liebe Anwesende, ich habe mich nicht im Datum geirrt. Ich weiß sehr wohl, dass heute (noch) nicht Weihnachten ist. Denn sonst hören wir die Weihnachtsgeschichte vor allem in der Heiligen Nacht.

Ich habe diesen Text für die heutige Trauerfeier aber ganz bewusst ausgewählt, denn er passt aus mehreren Gründen zu dem Menschen, von dem wir heute Abschied nehmen, zu unserem Verstorbenen N.

Natürlich zuerst deshalb, weil er diese Geschichte sehr häufig nachgestellt hat, durch seine Leidenschaft des Krippenbauens. 16 Jahre lang hat er immer wieder aufs Neue Motive und Material gesucht, um die Szene aus dem Lukas-Evangelium zu gestalten. So muss sie ihn in all den Jahren auch bewegt haben.

Und schon dass, was es zum Krippenbauen braucht, sagt sehr viel über den Menschen N.

Zuerst braucht es handwerkliches Geschick und bei Krippen auch eine Liebe zum Holz. Beides hatte der Verstorbene. Und er hat es auch verfeinert, bei seiner Lehre als Zimmerer und dem Bauingenieur- und Architekten-Studium.

Dazu kommen die notwendige Übersicht und die Fähigkeit planerisch zu denken. Auch das hat natürlich den Architekten aber vor allem auch den Geschäftsführer, sowie den politisch und ehrenamtlich in verschiedenen

Vereinen und Gruppen engagierten N. ausgezeichnet. Gerade hier braucht es Menschen mit Weitsicht.
Und nicht zuletzt braucht es beim Krippenbau Durchhaltevermögen und Beharrlichkeit, bis alle Details angefertigt und aufgebaut sind. Dieses Durchhaltevermögen, so brachten Sie es bei unserem Vorgespräch zum Ausdruck, brauchte ihr Vater auch oft im Leben: Ob für die Heirat mit einer katholischen Frau oder das erkämpfen seines Studiums nach der Gesellenprüfung. Immer wieder war Beharrlichkeit und Stärke gefragt. Dass ihm dies in seinem Berufsleben und auch in der politischen Arbeit im Kreis-, Stadt- und Ortschaftsrat von Nutzen war, brauche ich wohl nicht eigens zu betonen.

Aber auch die Erzählung selbst mit ihrem Hintergrund hat für mich Parallelen zum Leben von N.
Würde die Geschichte in unserer Zeit spielen, dann würden Maria und Josef wohl als „sozial schwache Menschen" bezeichnet. Und eine soziale Ader hatte der Verstorbene. Sein Einsatz für andere, das Schaffen von Teilhabe und Unterstützung in sozialen Fragen waren ihm wichtig. Sehr schön deutlich macht dies für mich sein Einsatz bei der N. Einer Wohnberatung für ältere und behinderte Menschen, welche er im Ruhestand mit viel Engagement übernommen und bis vor wenigen Monaten ausgeführt hat.
Bei der Weihnachtsgeschichte geht es aber auch darum, Menschen ein Dach über dem Kopf zu beschaffen. Viele solcher Dächer hat er als Architekt und Techniker, Prokurist und Geschäftsführer auf ganz praktische Weise geschaffen.
Und wer ein Dach über den Kopf hat, hat Sicherheit; und Wohnräume verbinden auch und schaffen Gemeinschaft.
Der Verstorbene war ein Gemeinschaftsmensch, der sein Leben gerne geteilt hat: vor allem innerhalb der Familie, die ihm immer wichtig war. Ihr galt die Zeit, neben seinem beruflichen, politischen und ehrenamtlichen Engagement.

Seine Familie, die er durch die Heirat mit seiner Frau N. 19.. aufgebaut hat und die durch die Kinder N., sowie die Enkelkinder und das Ur-Enkelkind weiter gewachsen ist.
Neben der Familie war vor allem sein Freundeskreis eine große Stütze im Leben. Eine Stütze, die er besonders nach dem Tod seiner Frau und auch in der Zeit der Krankheit brauchte. Sie, liebe Familie, gaben ihm, vor allem in den letzten Monaten, die Liebe und Fürsorge zurück, die Sie auch von ihm erfahren hatten.

Mit N. nehmen wir heute Abschied, so sagten Sie es mir, von einem liebevollen, hilfsbereiten, selbstbestimmten und konsequenten Menschen; mit einer Leidenschaft - neben dem Krippenbau - für die Natur (diese fand er vor allem gerne im Bayerischen Wald) und den Sport. In den jungen Jahren aktiv, später dann passiv.
Wir nehmen heute Abschied, so drückten Sie sich aus, von einer Kämpfernatur; so wollte er auch in den letzten Wochen den Kampf gegen seine Krankheit nicht aufgeben und hatte immer Hoffnung auf Besserung.
Diese Besserung trat aber nicht mehr ein, so dass er in der Nacht auf den Donnerstag letzte Woche verstorben ist. Seine Kräfte reichten einfach nicht mehr.

Ich habe für diese Trauerfeier die Weihnachtsgeschichte ausgewählt und auch schon im Blick auf den Verstorbenen gedeutet.
Die Botschaft von Weihnachten ist die Zusage, dass wir Menschen Gott nicht gleichgültig sind, sondern, dass er eine Sehnsucht nach uns hat.
Diese Sehnsucht ist so groß, dass er in seinem Sohn Mensch wird mit Haut und Haaren. Er nimmt Anteil an uns und unserem Leben.
Seit der Geburt des göttlichen Kindes stehen die Nächte dieser Welt in einem anderen, in einem göttlichen Licht. Durch Weihnachten gibt uns Gott die Zu-

sage, dass eben nicht Leid, Schmerz und Verzweiflung; dass eben nicht Not und Tod das letzte Wort haben, sondern Liebe und Heilung.

Die Botschaft der Heiligen Nacht soll uns heute zum Trost und zur Hoffnung werden. Zur Hoffnung, dass auch N. in seinem Tod nicht in das Dunkel, sondern in das Licht und den Glanz Gottes gefallen ist.

Wir dürfen glauben, dass ihm nun die Freude des Himmels zuteilwird, auch im „Wiedersehen“ der geliebten Menschen, die ihm vorausgegangen sind.

Wir dürfen heute, hier an seinem Sarg glauben, dass das Kind in der Krippe, welchem er so oft Gestalt gegeben hat, N. nun seine Hände entgegenstreckt und ihn mit hinein nimmt in das ewige Glück. In ein Leben, das keinen Schmerz und keinen Tod mehr kennt und in dem all unsere Sehnsüchte und Wünsche Erfüllung finden und bewahrt bleiben bis zum Wiedersehen in der Ewigkeit.

Amen.

„Ich lebe mein Leben in wachsenden Ringen“

Trauersituation: Tod nach einer Zeit der Krankheit. Baumbestattung. (Symbol: Baumscheibe).

Schriftstelle: Off 21,1-7

Wenn wir eine Baumscheibe betrachten, so wie diese hier *(Baumscheibe zeigen)*, dann fallen sofort die sogenannten Jahresringe auf, die sich von innen nach außen ziehen. Jedes Jahr bildet der Baum einen Ring um seinen Kern. Bei einem intensiven Blick auf die Ringe wird deutlich, dass diese unterschiedlich sind: da gibt es die dickeren, in den Jahren mit viel Wasser und intensivem Wachstum; da gibt es aber auch die dünneren, manchmal fast unkenntlich und scheinbar oder auch unterbrochen. In den trockenen und dürren Jahren, mit schwierigem Wachstum und Fortschritt. Auch Wunden und Schäden am Baum bilden sich in den Ringen ab.

Eine einfache Baumscheibe und doch, eine schöne, intensive und aussagekräftige Symbolik, die auch den Kreislauf des Lebens deutlich macht.

Wir Menschen wachsen anders als ein Baum. Aber die Jahresringe sind auch ein Bild für das Leben von uns Menschen. Sehr schön greift diese Verbindung ein bekanntes Gedicht von Rainer Maria Rilke auf. Dort heißt es:

„Ich lebe mein Leben in wachsenden Ringen,
die sich über die Dinge ziehen.“[13]

Wir Menschen ziehen Lebenskreise: manchmal groß und manchmal klein; manchmal intensiv und stark, manchmal schwach und dünn; manchmal auch mit Wunden.

Wenn wir, so wie heute, im Angesicht des Todes von einem lieben und vertrauten Menschen Abschied nehmen müssen, dann blicken wir auf das Leben

---

[13] Aus: Rainer Maria Rilke, Das Buch vom mönchischen Leben.

des Verstorbenen; auf all das, was dieses Leben konkret ausgemacht und geprägt hat.
Wir blicken - um im Bild zu bleiben - auf seine Baumscheibe mit den dicken, dünnen, hellen und dunklen Jahresringen.
Wenn wir dies heute für N. tun, dann wird dieser Blick durch die Tatsache ergänzt, dass wir ihre Asche im Anschluss an diese Feier auch unter einem Baum bestatten.

Und im Leben von N., so wurde es bei unserem Vorgespräch deutlich, gab es intensive und schöne aber eben auch schwere und trockene Jahre, die Kraft und Mühe gekostet haben.
Geboren 19.. während des Krieges als jüngstes von vier Kindern in N. waren die ersten Lebensjahre geprägt von Flucht und Vertreibung. Viele weitere Male in ihrem Leben ist die Verstorbene aufgebrochen, um sich an neuen Orten den Herausforderungen zu stellen.
Wichtige Ringe im Leben von N. wuchsen dabei sicher in N., wo sie viele Jahre, zusammen mit ihrem Mann N., eine Schreinerei geführt hat. Dort wurde aus dem Paar, durch die Geburt der drei Töchter eine Familie, die sich später durch die Schwiegersöhne und Enkeltochter N. weiter vergrößerte.
Dann aber folgten schon wieder schwerere Jahre: durch die Aufgabe der eigenen Schreinerei, den Umzug nach N., wo sie eine Anstellung bei N. fand und vor allem durch die schwere Erkrankung des Ehemannes. In dieser Zeit lastete auf N. mehr und mehr die alleinige Verantwortung und Sorge um die Familie. Am Tod des Mannes 19.. nach .. Ehejahren hatte sie schwer zu tragen.

Ab 19.. wurden die Jahresringe im Leben der Verstorbenen wieder kräftiger und intensiver. In N. fand sie einen neuen Partner und erlebte ihr „zweites Glück", welches vor allem mit N. verbunden ist, wo N. die letzten .. Jahre eine neue Heimat gefunden hat.

Anfang dieses Monats zeichnete sich dann ganz plötzlich und unerwartet beim Jahresring 20.. eine Veränderung ab. Nach einer kurzen Zeit der Schwäche wurde sie ins Krankenhaus eingeliefert, wo für Sie als Angehörige dann am 6. Juli eine unglaubliche Woche mit vielen „Auf und Abs" begann.
Dieser Jahresring nun sollte ihr letzter sein. Am Ende reichten ihre Kräfte dann einfach nicht mehr, so dass sie am .... im Krankenhaus in N. verstorben ist. Und Sie, liebe Familie, konnten mit dabei sein.

Mit N., so erzählten Sie mir bei unserem Vorgespräch sehr ausführlich, nehmen wir heute Abschied von einem hilfsbereiten, pragmatischen, willensstarken, verlässlichen und konsequenten Menschen, welcher die Dinge gerne mit sich selbst geregelt hat und anderen nicht zur Last fallen wollte. Wir nehmen Abschied von einer Frau mit Leidenschaft für das Sticken, Knüpfen, Stricken und Lesen, sowie das Unterwegs-Sein. Vor allem in den letzten Jahren, unternahm sie regelmäßig Reisen, auch an ferne Ziele. Besonderer Höhepunkt war sicher die Schifffahrt zum N.

„Ich lebe mein Leben in wachsenden Ringen,
die sich über die Dinge ziehen. ...
Ich kreise um Gott, um den uralten Turm."

Rilke macht damit deutlich: Wir irren nicht ziellos umher, sondern wir kreisen um eine Mitte (ohne Mitte wäre kreisen auch nicht möglich!). Unser Leben hat einen Anfang und ein Ziel: *„Ich bin das Alpha und das Omega" (Off 21,6)*, der Anfang und das Ende. So drückt es Johannes in seiner Offenbarung aus; im Trost-Bericht vom neuen Himmel, den wir in der Lesung gehört haben. Gott selbst ist diese Mitte, die unser Leben hält und trägt. Wir können uns entfernen, wir können näher kommen, die Mitte bleibt und trägt.

Der Baum, aus dem die Scheibe stammt und der Baum, unter dem die Asche von N. ihre Ruhe findet, sind eindrückliche Zeichen der Schöpfung. Für die

Pracht und Schönheit, aber eben auch für die Vergänglichkeit, der alles unterworfen ist: Pflanzen, Tiere und Menschen. Wir kreisen nicht endlos, sondern wir kommen an ein Ziel.

Und auch dieses Ziel liegt im Baum verborgen. Im Baum der Erlösung, im Kreuz Jesu Christi. Durch seinen Tod und seine Auferstehung hat er, der *„Erstgeborene der Toten“ (Off 1,5)* den Tod ein für alle Mal bezwungen und uns Menschen das Ziel allen Kreisens eröffnet: das ewige, unverlierbare Leben bei Gott. Ein Leben, das keine Krankheit, keinen Schmerz, kein Leid und keinen Tod mehr kennt (vgl. Off 21,4).

So ist das Kreuz für uns Zeichen der Hoffnung; der Baum, Symbol des ewigen Lebens.

So dürfen wir heute glauben, dass unser auferstandener Herr - das Alpha und Omega des Lebens - auf dessen Namen sie getauft wurde, nun auch N. entgegengeht und sie heimführt in die Herrlichkeit des neuen Himmels.

Amen.

„Vom Wachsen der Saat“

Trauersituation: Tod einer Frau mit einer großen Leidenschaft für das Säen und Pflanzen.

(Symbol: Samenkorn).

Schriftstelle: Mk 4, 26-29

Jesus sprach vom Reich Gottes gerne in Bildern, in Vergleichen. Er verglich es mit ganz alltäglichen Dingen. Im eben gehörten Beispiel mit einem Mann, der Samen auf seinen Acker sät und das Wunder des Wachstums erleben darf. Am Ende dann darf er reichlich ernten.

Jesus bringt mit diesem Gleichnis zum Ausdruck, dass das Reich Gottes unter uns wächst, langsam aber stetig. Und dass es uns Menschen nicht gegeben ist, die innere Logik dieses Wachstums zu verstehen.

Ob unsere Verstorbene N. diesen Text kannte, weiß ich nicht. Aber dass er ihr wohl gefallen hätte, das kann ich sagen. Denn so, wie Sie, mir Ihre Frau, Mutter, Schwiegermutter und Oma beschrieben haben, war sie ein Mensch mit Freude am Säen und Pflanzen, an Blumen, Garten Tieren und Natur. Jeden noch so kleinen und unscheinbaren Samen hat die Verstorbene gesät, denn es kann etwas daraus werden - und meist wurde es das auch. N. war, so wie der Sämann im Gleichnis, ein Mensch voller Hoffnung. Voller Hoffnung, dass sich die Kraft des Samens letztlich durchsetzen wird. Und es ist ja wirklich erstaunlich, welche großen Gewächse sich aus so manchen winzigen Samenkörnern entwickeln.

An einer anderen Stelle des Evangeliums spricht Jesus noch einmal von einem Samenkorn. Er sagt: *„Wenn das Weizenkorn nicht in die Erde fällt und stirbt, bleibt es allein, wenn es aber stirbt, bringt es reiche Frucht.“ (Joh 12,24)* Er bringt damit eine tiefe Wahrheit zum Ausdruck. Aufgabe des Samenkorns ist es, Frucht hervorzubringen und seine Kraft zu entfalten, sonst hat es seinen Sinn verfehlt und ist letztlich wertlos.

Das Weizenkorn ist damit ein wertvolles Symbol für die Art, sein Leben zu verstehen und zu führen.
N. hat ihr Leben als Geschenk verstanden, das sie zuerst und wesentlich ihrer Familie gemacht hat. Sie war, so sagten Sie es mir, der Dreh- und Angelpunkt der Familie und später der Familien in N. Sie, die fürsorgliche und stets hilfsbereite Ehefrau, Mutter und Oma war Ihre Mitte. Ihr Einsatz galt den vier Enkelkindern gleichermaßen, wie den eigenen zwei Töchtern. Aus der Kraft ihres Lebens konnten Sie als Familie leben. Jeder einzelne von Ihnen weiß am besten, was alles von N. in seinem eigenen Leben steckt, was ihm Halt, Hilfe und Kraft gab. Sie, ihre Familie, sind in gewissem Sinne die gute Frucht ihres Lebens. Diese Hinterlassenschaft steht auf keinem Papier, sie ist und bleibt eingeschrieben in die Tiefe Ihres Herzens.
Und als Anfang dieses Jahres die unheilbare Diagnose kam, haben Sie keine Mühe gescheut, ihr all das zurückzugeben und ihr schöne letzte Monate geschenkt. Nachdem ihre Kräfte zusehends abnahmen ist sie dann, ihrem Wunsch entsprechend, zu Hause, im Kreis der Familie verstorben.

Jesus macht mit dem Gleichnis vom Sämann und dem Satz vom Weizenkorn eine tiefe christliche Wahrheit deutlich: Dieses Leben ist voller Hoffnung über den Tod hinaus. Unser Gott hat ungeahnte Kräfte und Möglichkeiten wachsen, reifen und leben zu lassen.
Jesus hat mit dem Wort vom Weizenkorn sein eigenes Leben gedeutet. Er hat sich als Geschenk an uns Menschen verstanden, als ein Geschenk, welches auch der Tod nicht auslöschen kann. Sein Leben ist im Grab nicht untergegangen, sondern in der Auferstehung neu aufgeblüht in Gottes ewiger Welt.

Auch N. ist durch ihre Taufe in dieses Geheimnis von Tod und Auferstehung mit hineingenommen. So ist sie nun auch berufen neu und verwandelt aufzugehen in Gottes neuer Welt. Einer Welt, die keinen Schmerz, kein Leid und keinen Tod mehr kennt.

Dort dürfen wir unsere Verstorbene jetzt wissen, mit allem, was ihr Leben geprägt und ausgemacht hat; mit allem, was sie geschaffen und wo sie geholfen hat.
Und all das wird bewahrt bleiben und uns mit ihr verbinden bis zum Wiedersehen in dieser neuen Welt.
Amen.

„Gott ist Licht und Leben“

Trauersituation: Tod nach einer Zeit der Krankheit. Viele Schicksalsschläge. (Symbol: Osterkerze).

Schriftstellen: 1 Joh 1,1-7 und Joh 12,44-50

Es begleitet uns durch das Leben. Ohne ist Leben gar nicht erst möglich. In wichtigen und entscheidenden Situationen schenkt es uns Freude, Hoffnung, Trost und Zuversicht. Z. B. bei der Geburt, der Hochzeit, oder bei Festen und Feiern. Es ist fast unverzichtbar, denn es hat eine starke symbolische Kraft: **das Licht.**

So brennen auch in diesem Totengottesdienst für Ihre Mutter, Schwiegermutter, Schwester, Oma und Ur-Oma N. Kerzen, die Licht und Wärme spenden. Eben beim Sarg, jetzt hier in der Kirche. Später dann auch bei ihrem Grab. Bei christlichen Festen gehören sie dazu. Dies hat seinen Grund: Denn Licht ist das Ur-Symbol für Leben. Ohne Licht kann nichts existieren. Licht ist positiv besetzt - Dunkelheit dagegen negativ.

Dunkelheit steht für Angst, Hoffnungslosigkeit, Kälte, Einsamkeit und Tod. Licht steht für das Leben, die Hoffnung, die Wärme, die sich dem Dunkel entgegenstellt. So wird auch in allen Religionen Gott in Verbindung gebracht mit dem Symbol des Lichtes. *„Gott ist Licht, und keine Finsternis ist in ihm“ (1 Joh 1,5b)*, so schreibt Johannes in der Lesung.

In den letzten Wochen und Monaten hat sich der Himmel über dem Leben von N. immer mehr verdunkelt. Der Schlaganfall im April, dem dann nach kurzer Genesung ein längerer Aufenthalt im Krankenhaus folgte. Und dann, vor etwas mehr als drei Wochen der Umzug nach N. in das Seniorenheim, weil es zu Hause einfach nicht mehr ging. Am vergangenen Dienstag ist sie dort im Alter von .. Jahren gestorben.

Mit dem Tod von N. hat ein arbeitsreiches Leben sein Ende gefunden. Zuerst, in den frühen Jahren auf dem elterlichen Hof in N. und dann ab 19.. in der Landwirtschaft hier in N.

Ein Leben, das, wie Sie sagten, von Ehrlichkeit und Offenheit geprägt war. Ein Leben, das glückliche und lichte Stunden kannte: die fünf Kinder, denen sie das Leben schenken durfte, die neun Enkelkinder und das Ur-Enkelkind. Die Feste und Feiern in der Familie, die Arbeit im geliebten Garten oder der Besuch des Seniorennachmittages bei dem sie von Anfang an dabei war.
Immer wieder ist aber auch das Dunkel des Todes in ihr Leben eingebrochen: Bereits mit vier Jahren hat sie ihre Mutter verloren, noch bevor sie sie richtig gekannt hat; der Bruder blieb im Krieg. Als sie 19 Jahre alt war, starb dann der Vater.
Ihrer ersten Ehe war keine lange Dauer beschieden. Bereits nach zwei Jahren verstarb ihr erster Mann. Und auch vom zweiten Mann musste sie bereits vor .. Jahren Abschied nehmen. An diesen Verlusten trug sie schwer.

Eine Kerze, liebe Angehörige, liebe Trauergemeinde, ragt bei allen christlichen Feiern ganz besonders heraus. Sie bildet stets den Mittelpunkt. Und sie tut dies auch heute: die Osterkerze.
Sie steht für Jesus Christus, der von sich sagt: *„Ich bin das Licht der Welt." (Joh 8,12).* Und jeder, der an dieses Licht glaubt, bleibt nicht in der Finsternis (vgl. Joh 12,46).
N. hat an dieses Licht geglaubt. Sie hat sich Zeit ihres Lebens immer auf das himmlische Licht Gottes hin ausgestreckt: im Gebet, und solange es ihr gesundheitlich möglich war, in der Feier des Gottesdienstes und bei Andachten.
„Er führt mich hinaus ins Licht", so haben Sie, liebe Angehörige, auf ihr Sterbebild geschrieben. Dies drückt ganz fest unseren Glauben und unsere Hoffnung heute aus. Es stärkt uns, im Blick auf das Wort Gottes, welches wir gehört haben: dass Jesus Christus auch unsere Verstorbene N. aus der Finsternis des Todes hinüberführen wird in das Licht des Himmels.
Bei der Mitfeier der Osternacht, bei der auch immer die neue Osterkerze gesegnet wird, hat N. immer wieder miterleben dürfen, wie das Licht des

Auferstandenen das Dunkel der Nacht durchbricht, wenn die Osterkerze in die dunkle Kirche getragen und ihr Licht an alle Mitfeiernden ausgeteilt wird.
Diesen österlichen Sieg des Lebens über den Tod hat unsere Verstorbene Jahr für Jahr miterlebt, mitgefeiert und mitgeglaubt.
So dürfen wir heute, an ihrem Begräbnistag zuversichtlich darauf bauen, dass Christus sie in ihrem Sterben nun hinübergeführt hat aus dem Dunkel ins Licht, vom Tod zur Auferstehung.
Und das ist unser Wunsch und Gebet: Dass ihr dieses Licht ewig leuchten möge.
Amen.

„Das Gebet, das wiederholt wird“

Trauersituation: Tod einer betagten Frau, die viel gebetet hat, vor allem den Rosenkranz (= Symbol).

Schriftstelle: Joh 17,1-8

Das Gebet gehört ganz zentral zum christlichen Glauben; es ist ein Wesenselement. Ohne Gebet geht es nicht.

Gebet ist Beziehungspflege; Gespräch mit Gott. Betrachtung des eigenen Lebens im Lichte des göttlichen Geheimnisses. Gebet kennt Lob und Dank, aber auch Bitte und Klage.

Auch der eben gehörte Abschnitt aus dem Johannes-Evangelium ist ein Gebet; ein Abschiedsgebet Jesu. Vor seiner Verhaftung wendet er sich an seinen Vater im Himmel für die Menschen, die ihm anvertraut sind, die ihm lieb und teuer sind. Er bittet für sie.

Auch wenn die dabei gewählte Sprache nicht einfach ist, so wird doch deutlich, worum es im Gebet geht: Gespräch mit Gott. Beziehungspflege. Lob und Dank und vor allem auch Für-Bitte.

Viele Gebete gehören zum Grundbestand des Glaubens und begleiten uns Christen durch das Leben: das Kreuzzeichen, das Vaterunser, das Ehre sei dem Vater oder auch das Glaubensbekenntnis. Nicht zu vergessen die vielen ganz persönlichen Morgen- Tisch- und Abendgebete, die als Kinder erlernt wurden.

Auch N., von der wir heute Abschied nehmen, war, so haben Sie mir es beim Vorgespräch erzählt, ein Mensch des Gebetes. Neben den eben genannten Grundgebeten gehörte für sie als katholische Christin vor allem das Rosenkranzgebet zum festen Grundbestand. Gerne und oft hat sie sich von Maria an der Hand nehmen lassen, um das Geheimnis des Lebens und Sterbens, sowie der Auferstehung Jesu zu betrachten. Deshalb beten wir auch heute Abend, vor dem Requiem, für sie den Rosenkranz.

Die verschiedenen Geheimnisse, die freudenreichen, die schmerzhaften oder glorreichen, die uns im Gebet des Rosenkranzes das Leben unseres Herrn Jesus Christus näher bringen, finden wir auch in unserem Leben. Denn Leben ist immer geprägt von der Freude auf der einen und dem Schmerz auf der anderen Seite.

Im freudenreichen Rosenkranz betrachten wir die Geburt und Kindheit Jesu. Auch bei N. sind die schönen Momente des Lebens mit der Familie und den Angehörigen verbunden: ihre eigene Herkunftsfamilie, in die sie 19.. als drittes von fünf Kindern einer Bergmanns-Familie im Saarland hineingeboren wurde, genauso, wie die Heirat 19.. mit N. und die Geburt der eigenen Kinder. Nicht zu vergessen die Enkel und Ur-Enkel, durch die die Familie weiter gewachsen ist.
Der Rosenkranz kennt aber auch die schmerzhaften Geheimnisse, wo wir den Leidensweg betrachten. Und auch diese Zeiten sind der Verstorbenen nicht erspart geblieben. Ich denke hier an die schweren Jahre des Krieges mit vielen Entbehrungen und dem frühen Verlust des Vaters bereits im Alter von 18 Jahren. Ich denke hier aber auch an den Tod des Ehemannes N. nach .. Ehejahren, sowie die zunehmenden Einschränkungen, die ihr aufgrund von Alter und Krankheit auferlegt waren.

Mit N., nehmen wir heute Abschied, so haben Sie es mir gesagt, von einem fröhlichen und hilfsbereiten Menschen, der sich oft und gerne für andere eingesetzt hat und sich selbst dabei zurückgestellt hat. Von einer Frau, die in den früheren Jahren, so lange es ihre Gesundheit zuließ, gerne gereist und gewandert ist und auch Wallfahrten unternommen hat. Überhaupt war ihr der Einsatz in der Kirchengemeinde immer wichtig.

In den glorreichen Geheimnissen geht der Rosenkranz seinem Höhepunkt und Ziel entgegen: der Auferstehung und Himmelfahrt Jesu.
Heute, wo wir von N. Abschied nehmen und ihre Asche zur Ruhe betten, dürfen wir uns daran festhalten, was wir im Gebet des Rosenkranzes bekennen und was Jesus im Gebet nach Johannes 17 zum Ausdruck bringt: dass uns durch ihn, den Auferstandenen ewiges Leben verheißen ist. Was unsere Verstorbene in ihrem Leben geglaubt hat und im Gebet bekannt hat, dass nach dem Tod ein glorreiches Leben bei Gott auf uns wartet und ein gnädiger Gott uns in seine Arme nehmen wird, soll auch uns in dieser Stunde Trost sein. Denn als Glaubende haben wir nicht nur die Zuversicht auf ein Leben bei Gott, sondern auch auf ein Wiedersehen mit unseren Lieben.
So dürfen wir darauf vertrauen, dass die Gottesmutter Maria unsere Verstorbene N., so wie sie es zeitlebens gebetet hat, nun im Tod zu Jesus Christus führt und dass unser auferstandener Herr sie beschenkt mit dem ewigen Leben in der Herrlichkeit Gottes.
Amen.

„Der Herr ist mein Hirte“

Trauersituation: Tod einer gläubigen Frau nach einer langen Zeit der Krankheit. Psalm 23 war ihr Lieblingsgebet.

Schriftstellen: Ps 23

Es ist wohl eines der schönsten und vertrauensvollsten Motive in der Bibel: Gott als der Hirte, der gute Hirte, der sich sorgt und kümmert; der Schutz und Segen gibt, der trägt und hält.

An vielen Stellen der Heiligen Schrift, vor allem im Alten Testament, findet dieses Motiv, dieses Gottesbild Verwendung. Über dreißig Mal wird das Handeln Gottes an seinem Volk im Bild des sorgenden Hirten beschrieben.

Der wohl bekannteste dieser Texte ist der Psalm 23; der Psalm des guten Hirten, welchen wir eben gehört haben. Dieses Vertrauensgebet war auch, so sagten Sie es mir, eines der Lieblingsgebete Ihrer Mutter, Schwiegermutter, Schwester, Oma, Freundin und Bekannten N. So haben Sie einen Auszug davon auch über ihre Todesanzeige geschrieben.

Aus den Versen dieses Psalms spricht eine große Zuversicht. Eine Zuversicht, welche Sie sich auch zu Eigen machen, wenn Sie diesen Text für die Todesanzeige unserer Verstorbenen verwenden: Die Zuversicht, dass das Leben bei unserem Gott geborgen und aufgehoben ist, dass er sich kümmert und sorgt; dass er trägt und hält. *„Nichts wird mir fehlen“ (V. 1b)*, wenn ich den Herrn auf meiner Seite habe.

Dies sage ich ganz bewusst auch im Blick auf die beschwerlichen Lebensjahre von N. Bereits vor über 20 Jahren wurde bei ihr die Parkinson-Krankheit diagnostiziert. Ihre letzten zehn Lebensjahre waren von zunehmenden Einschränkungen geprägt, bis hin zur Pflegebedürftigkeit. Die letzten zwei Jahre musste sie deshalb im Pflegeheim verbringen, wo sie gestern vor einer Woche dann auch verstorben ist.

Ich spreche von dieser Zuversicht, weil sich wohl auch N. von ihr gehalten und getragen wusste. Weil ihr Umgang mit der Krankheit, so, wie Sie ihn mir

beschrieben haben, dies für mich sehr gut zum Ausdruck bringt: sie war, so sagten Sie, ein bescheidener Mensch, der nicht klagte und mit dem Schicksal haderte. Ein Mensch, der auch im gläubigen Vertrauen auf Gott, dass ihm auferlegte angenommen und getragen hat.
Und so dürfen wir heute glauben, dass der gute Hirte sie nun aus dieser Welt in eine neue, andere Welt geleitet hat. Einer Welt, in der keine *„finsteren Schluchten“ (V. 4)* mehr warten, in der Krankheit und Tod für immer besiegt sind. Dort, wo sie jetzt ist - so dürfen wir glauben - fehlt ihr nichts mehr; auch wenn Ihnen die Mutter, die Schwester, die Schwiegermutter, die Oma, die Freundin und Bekannte nun sehr fehlt. Dort, wo sie jetzt ist, ist sie nun zu Hause, behütet und umsorgt von Gott, dem guten Hirten.

Auch das Neue Testament greift das Bild vom Hirten auf. Von Jesus Christus heißt es dort im Johannes-Evangelium, dass er die Seinen genau kennt. Er ruft sie einzeln beim Namen (vgl. Joh 10,3.11). Dies bringt sehr schön zum Ausdruck, dass Gott uns Menschen durch und durch kennt; jeder ist für ihn einmalig und wertvoll. Jeder Mensch mit seiner individuellen Lebensgeschichte, mit dem, was sein Leben ausgemacht und geprägt hat, ist bei ihm aufgehoben.
So auch die Lebensgeschichte von N., dem ältesten von drei Kindern der Familie N. aus N. Zu dieser Lebensgeschichte gehören die fast .. Ehejahre mit ihrem Mann N., von dem sie jedoch bereits 19.. Abschied nehmen musste; die Geburt der drei Kinder, sowie die vielfältigen Interessen, welche sie vor allem mit ihrem Mann geteilt hat: die künstlerische Ader, in Form von Fotografie, Zeichnung und Musik - viele Jahre hat sie auch im Singkreis gesungen. Die Liebe zur Natur und zum Garten; die Reisen und Urlaube vor allem in die Schweiz und nach Montafon. Nicht zu vergessen, die vielen Freund- und Bekanntschaften. Sie war gern unterwegs und unter Menschen.
Mit N. nehmen wir heute Abschied, so haben Sie es mir gesagt, von einer kontaktfreudigen, aufgeschlossenen, gelassenen und heiteren Frau, in deren

Leben auch der Glaube und die Kirche eine tragende Rolle gespielt haben. In der NS-Zeit bspw. ließ sie sich ihr Engagement in der katholischen Jugend nicht nehmen.

So lange es ihr möglich war, besuchte sie den Gottesdienst - zuletzt noch im Pflegeheim.

Der Glaube an den guten Hirten, der sich sorgt, hat unserer Verstorbenen viel bedeutet. Und so ist sie auch selbst für die Ihren zu einem guten und sorgenden Menschen geworden: Ich denke hier z. B. an ihre Rolle als Vermittlerin innerhalb der Familie, oder die langjährige Pflege ihres krebskranken Mannes. Auch hier hat sie nicht geklagt.

„Nur einer gibt Geleite, das ist der Herre Christ; er wandert treu zur Seite, wenn alles uns vergisst"[14] so heißt es in dem Lied, welches wir später auf Wunsch der Verstorbenen singen werden.

Und auch aus diesem Vers spricht die Zuversicht des treubegleitenden Hirten, auf welchen N. Zeit ihres Lebens gebaut hat. So wollen wir sie heute nun auch dem Hirtenstock und dem Stab dieses Gottes und seiner ewigen Sorge anvertrauen; damit er sie zum Ruheplatz an den Wassern des ewigen Lebens führt und sie nun für immer wohnen darf im Hause des Herrn.

Amen.

---

[14] Gotteslob Nr. 505, Strophe 3.

„Vertrauen ist der Anfang von allem“

Trauersituation: Tod einer Frau mit großem Ur- und Gottvertrauen.

Schriftstellen: Mt 14,22-33

„Vertrauen ist der Anfang von allem“, so hieß es vor einigen Jahren in der Werbung einer großen deutschen Bank. Und in der Tat: ohne Vertrauen (zueinander) gibt es keine wirkliche und echte Begegnung und Beziehung. Ohne Vertrauen „vertraue“ ich auch niemand die Sorge um mein Geld an.

„Vertrauen ist der Anfang von allem.“ Dieser Satz passt aber nicht nur in die Werbung einer Bank, sondern er passt für mich sehr gut zum Leben von N., die wir heute auf ihrem letzten irdischen Weg begleiten.

Ein tiefes Ur- und Grundvertrauen, so sagten Sie es mir, machte ihre Art, das Leben zu leben aus. Das Grundvertrauen, dass es so, wie es sich fügt richtig ist und gut wird.

„Vertrauen ist der Anfang von allem.“ Vor allem im Zusammenleben und Zusammenhalt der Familie, welche N. immer wichtig war. Dieses Vertrauen hat die Verstorbene über .. Ehejahre mit ihrem Mann N. getragen; dieses Vertrauen hat sie die Freuden, aber auch die Belastungen der Großfamilie annehmen und tragen lassen: sechs Kindern hat sie das Leben geschenkt, für sie gelebt und gesorgt.

Mit N., dem ältesten von sieben Kindern der Familie N. aus N., nehmen wir heute Abschied, so haben Sie mir gesagt, von einem genügsamen, familiären und fröhlichen Menschen, dem die Harmonie innerhalb der eigenen Familie immer wichtig war. Wir nehmen Abschied von einer Frau mit einem starken Willen, vor allem einem starken Lebenswillen, der sie nie hat resignieren oder hat aufgeben lassen. Bis zuletzt haben Sie sich, so haben Sie es in der Todesanzeige geschrieben, „an dieser inneren Stärke und Kraft aufgerichtet.“

Wir verabschieden uns heute von einer Freundin des Handballs und ebenso der Blumen. Beim ersten hatte es ihr in den vergangenen siebzehn Jahren vor allem N. angetan, beim letzteren waren Orchideen ihre Leidenschaft.

„Vertrauen ist der Anfang von allem." Nicht nur in der Beziehung zwischen Menschen, sondern auch in der Beziehung zu Gott.

„Habt Vertrauen; fürchtet euch nicht" (Mt 14,27), ruft Jesus im Evangelium seinen Jüngern und damit auch uns zu. Denn biblische Erzählungen meinen immer auch den jeweiligen Hörer. Hab Vertrauen, dass dich die Beziehung auch über die stürmischen Wasser deines Lebens trägt; dass ich dich halte und ergreife; dass ich mich sorge.

Und so wie N. den Menschen mit Ur-Vertrauen begegnete, so hielt sie es auch mit Gott. So wie Gott es fügen wird, so ist es gut. Dieses Vertrauen ließ sie auch nicht aufgeben als in ihrem Leben stürmische Wellen aufzogen, als die See rau wurde. Ein großer und mehrere kleine Stürze nahmen ihr im Winter 20.. ihre Bewegungsfähigkeit. Doch sie kämpfte sich über die Reha zurück ins Leben, lies sich ihren Lebenswillen und Lebensmut von der Krankheit nicht nehmen.

Am .. dieses Jahres dann ereilte sie jedoch ein Zusammenbruch, von dem sie sich nicht mehr erholte. Ihre Kräfte reichten einfach nicht mehr. Am vergangenen Montagmorgen ist sie dann im Beisein von Ihnen, liebe Angehörige, verstorben. Sie konnten bis zuletzt an ihrer Seite sein.

„Habt Vertrauen; fürchtet euch nicht" (Mt 14,27), ruft Jesus uns zu. Und er macht dies fest an dem, was die Jünger zum Schluss des Evangeliums auch bekennen: *„Wahrhaftig, du bist Gottes Sohn" (Mt 14,33).* Auf keinen Geringeren als den Sohn Gottes sollen die Jünger und auch wir unser Vertrauen und unsere Hoffnung setzen.

N. hat Zeit ihres Lebens auf diese Hoffnung gesetzt. Solange es ihr möglich war, hat sie dem Ausdruck gegeben und am Gottesdienst ihrer Gemeinde teilgenommen. Und auch das Gebet war ihr wichtig.

Und so dürfen wir heute glauben, dass kein Geringerer als der Sohn des lebendigen Gottes ihr auch nun entgegengeht und zuspricht: Fürchte dich nicht! Bei mir bist du nun zu Hause und geborgen in einem neuen, unverlierbaren Leben, das keinen Schmerz, keine Krankheit und keinen Tod mehr kennt.

„Hab Vertrauen; fürchte dich nicht“ (vgl. Mt 14,27), die Bindung an mich lässt dich nicht untergehen, sondern auferstehen zum ewigen Leben.

Amen.

„Lobet Gott in seinem Heiligtum"

Trauersituation: Tod eines musikbegeisterten Mannes an seinem Geburtstag. Er hatte einen starken Bezug zu Maria.

Schriftstelle: Ps 150

Es ist der *(Geburtsdatum)* in *(Geburtsort).* Als einziges Kind der Familie N. wird Sohn N. geboren.

Neunzig Jahre später.

Der runde Geburtstag ist geplant. Die Familie eingeladen. Doch es kommt anders. Aus der Feier wird ein Abschied - ein Abschied für immer. An seinem 90. Geburtstag, am vergangenen Sonntag, den *(Datum)* ist N. verstorben.

Zu einem besonderen Geburtstag, wie dem 90sten passt das als Lesung gehörte Loblied Psalm 150. Als Dank für ein erfülltes und glückliches Leben. Aber bei einer Beerdigung? Im Angesicht des Todes jubeln?

Es passt. Es passt vor allem zu N. Dieser Psalm, bei dem man die Musik förmlich beim Lesen hört. Saitenspiel, Zither, Lobgesang. Das war sein Leben. Musik war sein Leben. So haben Sie es ja auch über seine Todesanzeige geschrieben.

Ein Leben, welches er in Schlesien, und dann nach der Vertreibung in N. und vor allem hier in N. verbracht hat. Anfang der 50ziger Jahre kam er hierher um zu arbeiten. Hier, wo wir heute auch von ihm Abschied nehmen.

Ein Leben, das geprägt war durch Arbeit und Sorge um die Familie. Gerne hat er geholfen, wo er gebraucht wurde. Gern war er unterwegs, solange es ging, mit der Familie, mit den drei Kindern. Freude und Interesse hatte er auch an den zwei Enkelkindern.

Ein Leben, welches ihm .. Ehejahre mit seiner Frau N. geschenkt hat. 19.. musste er sie zu Grabe tragen.

Mit N. nehmen wir heute Abschied von einem herzensguten und humorvollen Menschen. Von einem, der sich immer beschäftigen konnte und auch beschäftigt hat. Der immer eine Aufgabe und Sinn für sich gefunden hat.
Diesen Sinn hat er vor allem in der Musik gefunden: Musik war sein Leben.
Lobt ihn mit Zither und Saitenspiel. Beides konnte N.: Mandoline und Zither - selbst beigebracht als Autodidakt.
Musik hat er gefühlt und gelebt. Fast bis zuletzt in der Musikgruppe, welche heute auch seine Trauerfeier umrahmt. Und auch der Musiker, der eigentlich auf seinem Geburtstag spielen wollte ist heute hier.
Musik war sein Leben. Sie machte ihn zu einem fröhlichen und lebenslustigen Mann.

„Lobet Gott in seinem Heiligtum“, so beginnt Psalm 150. Er ist die Schlussfanfare der Psalmen, der Abschluss und Höhepunkt.
Ich denke, gerade die mächtige Musik, welche in diesen Zeilen mitschwingt, hätte N. gefallen.
Und so dürfen wir heute, hier an seinem Sarg, glauben, dass er sie jetzt im Himmel hört, bei Gott im Heiligtum. Bei dem Gott, auf dessen Name er getauft war und dem er Zeit seines Lebens treu blieb.

„Schlaf wohl, du Himmelsknabe“, ist ein Lied, welches er gern gesungen und gehört hat. Die Melodie stammt aus dem Glatzer Land. Für seinen Geburtstag am Sonntag war es geplant. Jetzt hören wir es im Anschluss an die Ansprache.
Darin heißt es u.a.: *„Maria hat mit Mutterlieb, dich leise zugedeckt“.*
So dürfen wir heute glauben, dass die Mutter vom Trost, die er zeitlebens verehrt und der er Freud und Leid anvertraute, ihn in ihrer großen Liebe nun an der Hand nimmt und zum Fest Gottes führt.
Zu einem Fest des Lebens über den Tod. Dies ist christliche Hoffnung, unser Glaube. Dass unser Leben im Tod nicht zerfällt, sondern dass es Heimat findet bei Gott.

Heilige Maria, Mutter Gottes.

Du Mutter des Trostes - bitte für ihn.

Jetzt - im Heiligtum des Himmels.

Amen.

„Das Wort vom Kreuz ist Gottes Kraft“

Trauersituation: Tod einer Frau mit einem starken Bezug zum Gekreuzigten. Auch passend in der Österlichen Bußzeit und der Karwoche.

Schriftstelle: *1 Kor 1,18-24.30-31*

Sie ist und bleibt ein Ärgernis - bis heute: Die Botschaft vom Kreuz. So wie sich Paulus im eben gehörten Korintherbrief schon etwa 20 Jahre nach dem Kreuzestod Jesu damit auseinandersetzen musste, bleibt auch uns heute die Auseinandersetzung mit dieser Botschaft, die in den Augen von vielen auch heute noch eine Torheit ist.

Es ist auch ein doppeldeutiges Zeichen: „Das ist ein Kreuz“, „Damit hat man sein Kreuz zu tragen“. Diese Redewendungen bringen die schwere Seite des Kreuzes zum Ausdruck.

Genauso ist es aber auch Plus-Zeichen, Hoffnungs-Zeichen und Zeichen des Lebens; gerade für uns Christen.

Auch wenn es für andere unverständlich ist, wenn es Kopfschütteln und Staunen hervorruft. Für uns Christen ist das Kreuz, so wie es auch Paulus schreibt, eine Kraftquelle. Wir sollen und dürfen auf den Gekreuzigten vertrauen; auf den, der für uns alle den Weg ans Kreuz mit letzter Konsequenz gegangen ist.

Aus dem Kreuz Christi Kraft geschöpft, das hat, so sagten Sie es mir, auch N. Ganz besonders angetan hat es ihr das „Heilige Kreuz von Siculiana“, (Santissimo Crocifisso) der berühmte schwarze Corpus, der im Meer gefunden wurde und auch nach vielen hundert Jahren noch eine große Verehrung erfährt.

Ich weiß nicht, wie oft unsere Verstorbene zu diesem Heiligen Kreuz gebetet hat - um persönliche Anliegen oder für die Familie. Aber ich weiß, dass sie bis zuletzt auf das „Heilige Kreuz von Siculiana“ gesetzt hat. Zwei Tage vor ihrem Tod bat Sie Ihre Mutter um ein für sprechendes Gebet, um Erlösung von ihrem Leiden. In der Nacht von Samstag auf Sonntag hat der gekreuzigte Heiland sie dann zu sich heimgeholt. Friedlich und ruhig durfte sie im Krankenhaus einschlafen.

Mit N. nehmen wir heute Abschied, so sagten Sie es mir, von einer fürsorglichen, zuverlässigen und aufmerksamen Frau und Mutter mit einem großen Herzen. Von einer dynamischen Managerin ihres Vier-Männer-Haushaltes. Die Familie war ihr besonders wichtig; ihr galt ihr ganzer Einsatz: Dass es Mann und Kindern nur gut geht. Das war ihre Herzenssache.
Geboren wurde N. im Jahr 19.. als zweites von vier Kindern der Landwirtsfamilie N. Bereits mit 18 Jahren heiratete sie ihren Mann N. von dem sie aber bereits nach .. Ehejahren Abschied nehmen musste. Durch die drei Söhne wurde aus dieser Ehe eine Familie. Ab 19.. lebte die Familie, mit einer Unterbrechung von einigen Jahren, dann hier in N., wo wir sie heute auch zu Grabe tragen.

In den letzten Wochen hat für unsere Verstorbene dann der ganz persönliche Kreuzweg begonnen. Eine Krankheit, mit der sie schon viele Jahre lebte, kam plötzlich mehr und mehr zum Vorschein und raubte ihr die Kräfte. Zunehmend verschlechterte sich ihr Zustand, bis ihre Kräfte am Ende nicht mehr reichten, um sich der Krankheit entgegenzustellen.
Das Kreuz als Zeichen der Belastung, des Leidens und des Todes. Dennoch ist es für uns Christen auch Plus-Zeichen, Zeichen der Hoffnung über Leid und Tod hinaus.
Denn der Weg Jesu endete nicht am Kreuz. Auch wenn die Heilige Schrift das Ende dieses Weges nicht beschreibt, so bezeugt sie doch ausdrücklich: Der Gekreuzigte ist nicht im Grab geblieben, er ist auferstanden, er lebt! Der Tod konnte ihn nicht festhalten. Er lebt und mit ihm alle, die auf seinen Tod und seine Auferstehung getauft sind, die mit hineingenommen sind in das Geheimnis von Tod und Auferstehung.

Das macht für uns das Kreuz zum Hoffnungszeichen. Diese Botschaft bringt uns Kraft, Hoffnung und Erlösung.

Durch den Blick auf den Gekreuzigten hat N. Kraft und Hoffnung geschöpft. Auf ihn hat sie Zeit ihres Lebens gebaut.

So dürfen wir heute, hier an ihrem Sarg auch glauben, dass der Gekreuzigte und Auferstandene auch für sie am Ende ihres Kreuzweges einen Übergang schafft ins ewige, unverlierbare, göttliche Leben. Ein Leben, das keinen Schmerz, kein Leid, keine Trauer und keinen Tod mehr kennt.

Und dass ihr Leben, so wie es war, dort Erfüllung findet und bewahrt bleibt bis zum Wiedersehen beim ewigen Osterfest in der neuen Welt.

Amen.

„Leben heißt Abschied nehmen"

Trauersituation: Tod einer kirchlich gebundenen, willensstarken Frau, die in ihrem Leben einige Verluste zu tragen hatte.

Schriftstelle: Joh 14,1-10

Leben heißt immer wieder Abschied nehmen. Wir wissen das im Grunde und doch fällt es uns schwer, wenn es soweit ist. Besonders schwer fällt der Abschied dann, wenn er das Siegel der Endgültigkeit trägt - so wie heute, wo wir in dieser Trauerfeier Abschied nehmen von N.

Die Verstorbene ist im Alter von fast 93 Jahren verstorben. Vordergründig macht dieses hohe Alter den Abschied für Sie, die Angehörigen, Freunde und Weggefährten leichter. Doch auch, wenn der Tod von N. in den letzten Wochen absehbar war - zu sehr hatte sich ihr Zustand verschlechtert, und ihre Kräfte waren einfach aufgebraucht - ist es dann, wenn die endgültige Nachricht kommt immer voller Schmerz. Das Alter macht es nur vordergründig leichter, denn es ist der leibliche Abbruch einer Beziehung; das Ende gemeinsamen Erlebens. Die vertrauten Worte, Gesten, der Gesichtsausdruck, er fehlt nun für immer. Die Mutter, Oma, Schwiegermutter, Freundin und Bekannte - sie ist nicht mehr da.

Wie schmerzlich Abschiede sein können, das hat auch die Verstorbene in ihrem Leben mehrmals erfahren. Bereits als Kind hat sie den Vater verloren; später im Krieg dann den ersten Mann, nach nur wenigen Jahren Ehe und zuletzt vor wenigen Monaten, dann der Abschied von Sohn N. aus dieser ersten Verbindung. All dies hat sie immer wieder tief getroffen. Immer wieder galt es mit der neuen Situation zurecht zu kommen und sich ein zu stellen. Besonders schmerzlich und ein letzter wirklich schwerer Schlag aber ist es sicher immer dann, wenn ein Kind vor der Mutter stirbt.

Aber nicht nur der Verlust lieber und vertrauter Menschen, sondern auch der Abschied von der körperlichen und geistigen Leistungsfähigkeit macht uns

Menschen zu schaffen. Dies hat bei N. nach einem Unfall vor vier Jahren begonnen und dann die letzten Jahre mehr und mehr zugenommen, bis am Ende die Kraft einfach nicht mehr reichte. In dieser Zeit haben Sie, liebe Angehörige, der Mutter und Schwiegermutter verlässlich und treu zur Seite gestanden.

Wenn wir Menschen mit der Endgültigkeit des Todes konfrontiert werden, dann halten wir inne und Blicken auf das Leben des Verstorbenen zurück, auf das, was es geprägt und ausgemacht hat.
Bei N. stand hier an erster Stelle die Familie. Zuerst die Weichenstellung durch die Herkunftsfamilie. 19.. ist sie als 17. von 18 Kindern der Schuhmacherfamilie N. in N. geboren. 17 Geschwister! Was das bedeutet ist für uns heute kaum mehr vorstellbar und nachvollziehbar. Dass diese Tatsache und auch ihre Stellung fast als Nesthäkchen Durchsetzungsvermögen und Willensstärke brauchten - beides war der Verstorbenen eigen - erklärt sich wohl von selbst. Und dann ihre eigene Familie, mit dem zweiten Ehemann N. den Kindern N., sowie den Enkeln und Ur-Enkeln. Vor allem als fürsorgliche Oma hat die Verstorbene sich dabei hervorgetan, so sagten Sie mir beim Vorgespräch, und auch durch ihre Leidenschaften backen und kochen und dies meistens vielfältig und reichlich.
Mit N. nehmen wir heute Abschied von einer kontaktfreudigen Frau, der das Gespräch oder auch das gemeinsame Spiel immer viel Freude bereiteten.

Auch von Jesus haben wir im Evangelium Abschiedsworte gehört. Er weiß, dass er sterben muss und so verabschiedet er sich in mehreren Reden von seinen Jüngern: *„Euer Herz lasse sich nicht verwirren." (Joh 14,1)* sagt er u. a. dabei. Dies macht deutlich, dass er um die Verfassung weiß, in der er die Seinen zurück lässt: in Verwirrung und Unsicherheit darüber, was kommt. Thomas spricht aus, was die anderen auch fühlen: *„Herr, wir wissen nicht, wohin du gehst!" (Joh 14,5).* Die Antwort Jesu auf diese Frage des Thomas hat ihre Bedeutung bis heute nicht verloren. Denn seine Antwort zeigt eine Perspektive auf, die über das irdische Leben hinausgeht. Der Glaube an ihn, ist der Weg, der zum Vater und zum ewigen Leben führt.

Und dieser Glaube, so sagten Sie mir, hat auch die Verstorbene Zeit ihres Lebens geprägt und war ihr wichtig. So lange es ihr möglich war hat sie den Gottesdienst besucht und die Verbindung zu Jesus Christus in der Gemeinschaft gepflegt. Dies unterstreicht auch ihre Aussage, dass ihr der Gottesdienstbesuch in der Zeit der Krankheit gefehlt hat.

N. hat ihr Leben an der Zusage Jesu Christi fest gemacht, dass er den Weg in den Tod für uns vorangegangen ist, um uns eine Wohnung zu bereiten. Damit ist die Last und die Schwere des Abschieds nicht genommen - aber die Hoffnung bekommt einen neuen Sinn. Die Hoffnung auf Gemeinschaft mit Gott und einen Platz in seinem Reich.

Darum bitten wir heute für unsere Verstorbene.

Amen.

„Leben in Fülle"

Trauersituation: Tod einer Frau, die ihr Leben zu genießen wusste.

Schriftstelle: Joh 10,10a-11

Im 10. Kapitel des Johannes-Evangeliums lesen wir die folgende Selbstaussage Jesu: **„Ich bin gekommen, damit sie das Leben haben und es in Fülle haben. Ich bin der gute Hirte. Der gute Hirte gibt sein Leben hin für die Schafe." (Joh 10,10b - 11)**

„Ich bin gekommen, damit sie das Leben haben und es in Fülle haben." (Joh 10,10b) Erfülltes, sinnvolles, geglücktes Leben - danach sehnt sich wohl jeder Mensch. Das Wort Leben ist ein wahres „Zauberwort"; es steht für so vieles, es trifft und meint so vieles: Vitalität, Aktivität, Unterwegs sein, bewegt sein, erfüllende Begegnungen, gelingende Beziehungen. Wir sagen nicht umsonst: „etwas aus dem Leben machen"; „das Leben gestalten; es genießen". Das Wort „Lebensfreude" fängt dies ganz wunderbar ein.

„Ich bin gekommen, damit sie das Leben haben und es in Fülle haben." (Joh 10,10b) Dieses Jesus-Wort fiel mir ganz spontan ein, als Sie beim Vorgespräch so lebendig über unsere Verstorbene, über Ihre Mutter N. sprachen.

Mit ihr, so sagten Sie mir, nehmen wir heute Abschied von einer lebensfrohen, geselligen, kommunikativen, offenen, ehrlichen und aktiven Frau mit einer positiven Lebenseinstellung. Sehr viel und gern war sie unterwegs und unter Menschen. Ausflüge, Unternehmungen, Reisen, gutes Essen (vor allem selbst gekocht), ein gepflegtes Äußeres, der Kontakt mit anderen - ob privat oder auf der Arbeit - all dies war ihr wichtig und machte ihr Leben aus. „Sie wollte leben und sie hat gelebt", so haben Sie das Leben Ihrer Mutter treffend zusammengefasst.

„Ich bin gekommen, damit sie das Leben haben und es in Fülle haben." (Joh 10,10b) Damit bringt Jesus zum Ausdruck, dass er ein glückliches und erfülltes

Leben für uns will; dass er es uns gönnt; dass er sich mit uns freut, wenn wir aus dem, was uns geschenkt ist, etwas machen. Leben und Lebensfreude ist eine zutiefst christliche Verbindung.
Die Aussage Jesu geht aber noch tiefer. Das macht er vor allem deutlich, wenn er in der Folge davon spricht, dass *„der gute Hirte sein Leben für die Schafe gibt“ (Joh 10,11)*. Jesus will die Fülle des Lebens nicht nur für unser irdisches Leben, sondern auch darüber hinaus. Durch seinen Tod hat er uns allen, die wir auf seinen Namen getauft sind, die wir zu ihm gehören, das neue und ewige Leben erschlossen. Ein Leben, das keinen Tod, keine Krankheit und keinen Schmerz mehr kennt. Jesus will für uns das Leben in Fülle - auch in der Ewigkeit.
So dürfen wir heute, wo wir ihre Asche zur Ruhe betten, glauben, dass all das, was das Leben von N. ausgemacht hat, mit ihrem Tod nicht einfach vergeht, sondern bewahrt bleibt: Die Zeit als Ehepaar mit ihrem Mann N., von dem sie bereits 19.. Abschied nehmen musste; die Zeit als Familie mit ihrem Sohn N. Ihre verschiedenen Stationen im Beruf, zuletzt bei der Firma N. Wir dürfen glauben, dass all das, was ihre Persönlichkeit geprägt hat, mit ihrem Tod nicht einfach ins Nichts fällt, sondern nun Erfüllung findet in und bei Gott.

Wie diese Erfüllung aussieht, davon können wir Lebende nur in Bildern und Vergleichen sprechen: Himmel, Weide, Fest, Hochzeitsmahl. Doch dass es diese Erfüllung - dieses Leben in Fülle bei Gott - für uns gibt, dafür ist der gekreuzigte und auferstandene Herr Zeuge und Gewähr.

„Ich bin gekommen, damit sie das Leben haben und es in Fülle haben.“ (Joh 10,10b)
Amen.

„Herr, wie zahlreich sind deine Werke"

Trauersituation: Tod eines naturverbundenen Mannes.

Schriftstelle: Ps 104 (nach Auswahl)

Es ist eine starke Beschreibung der Schöpfung, die der Verfasser des Psalms uns hier komponiert hat. Er kommt aus dem Staunen über die Schönheit von Gottes bunter und vielfältiger Welt kaum heraus. Psalm 104 ist eigentlich noch detaillierter; ich habe eben nur Ausschnitte davon gelesen.

Richtig würdigen und auch nachvollziehen kann einen solchen Text aber nur, so denke ich, wer selbst offen ist für die Schönheit der Natur, wer eine Verbindung zu ihr pflegt, wer in ihr unterwegs ist, nicht nur beim schönen Wetter am Sonntagnachmittag.

Ob N. diesen Text kannte, weiß ich nicht. Aber dass er ihm gefallen hätte, das kann ich sehr wohl sagen. Denn so, wie Sie, liebe Familie N., mir Ihren Mann und Vater beschrieben haben, war er ein naturverbundener Mensch: Wandern, draußen sein, unterwegs sein, im Garten aktiv sein, all dies, am liebsten zusammen mit Ihnen der Familie, das war ihm im Leben zutiefst wichtig und zeichnete ihn aus. Und wer jedes Wochenende unterwegs ist, der muss eine Liebe zur Natur, zu Pflanzen und Tieren haben, so wie der Verfasser des Psalms. Diese gemeinsamen Erinnerungen des Unterwegsseins in der Natur, und auch im Urlaub, im letzten Jahr noch in N., werden Ihnen bleiben.

Natur und Schöpfung sind auch Vorbild für unser Leben. Denn sie sind gekennzeichnet durch Werden und Vergehen, durch gute Jahre mit reichem Ertrag aber auch durch schwere Jahre mit kargem oder keinem Gewinn. Die Natur kennt, so wie auch unser Leben, ein Auf und Ab.

Die schönen Jahre von N., das waren sicher die Jahre des Aufbruchs in den Siebzigern: die Hochzeit mit seiner Frau N., fast .. Ehejahren waren Ihnen geschenkt; die Geburt des Sohnes, der Hausbau in N.; die Arbeit in der Qualitätskontrolle bei der N. Die vielen Unternehmungen mit der Familie.

Die schweren kamen dann vor einigen Jahren, als der Berg einer Krankheit vor ihm aufzog, und er nicht wusste, wie lange er von nun an noch unterwegs sein würde. Stück für Stück, vor allem im letzten halben Jahr, haben seine Kräfte dann nachgelassen. Und nach dem Krankenhausaufenthalt jetzt im Januar ging es nicht mehr. Er hat sich in all diesen Jahren, so wie Sie sagten, aber nicht unterkriegen lassen, war tapfer und hat sein schweres Los getragen. Bis zuletzt war er ansprechbar und hat am Leben Anteil genommen.

Der Verfasser des Psalms weiß all das, was er beschreibt, hat er einem Größeren zu verdanken, dessen Weisheit und Größe menschliches Verstehen übersteigt. Er bezieht seinen Lobpreis auf den Schöpfer-Gott. Doch in seinem Sohn ist uns dieser unendlich große Gott ganz nahe gekommen, wurde verletzlicher Mensch wie wir. Und in seinem Sohn hat er auch Leid, Schmerz und Tod kennengelernt und sich damit mit allen Leidenden zutiefst solidarisiert.
Mehr noch: Sein Sohn hat das Kreuz des Leides nicht erklärt, sondern getragen. Getragen durch den Tod hin zum Leben - zum ewigen Leben bei Gott.

So dürfen wir heute glauben, dass dieser Sohn für N. die Erlösung ist, die er allen Menschen verheißen hat, die sich an ihm festmachen.
Durch die Taufe wurde auch N. mit hineingenommen in das Geheimnis der Erlösung, der neuen Schöpfung, die keinen Tod, keinen Schmerz und kein Leid mehr kennt.
Dort dürfen wir ihn jetzt wissen, mit allem, was sein Leben geprägt und ausgemacht hat: Seine Hilfsbereitschaft, seine Fröhlichkeit und seine - solange es seine Krankheit zuließ - Lebhaftigkeit. Das, was er geschaffen und wo er geholfen hat.
All das wird bewahrt bleiben und uns mit ihm verbinden bis zum Wiedersehen in der neuen Schöpfung, mit einem neuen Himmel und einer neuen Erde.
Amen.

„Zum Haus des Herrn wollen wir pilgern“

Trauersituation: Tod einer kirchlich gebundenen Frau, die sich für ihren Trauergottesdienst Psalm 122 als Schrifttext gewünscht hat.

Schriftstelle: Ps 122

Pilgern ist wieder modern. Vor allem auf dem „Weg“ schlechthin, dem „camino“ nach Santiago de Compostela. Ungezählt sind die Reiseberichte und Bücher darüber in den letzten Jahren. Die Gründe für das Pilgern sind vielfältig. Als Auszeit oder Ausstieg, zur Selbstfindung, zur Klärung, als Neuanfang. Und ich denke, das Faszinierende an diesem besonderen „Unterwegs sein“ lässt sich gut nachvollziehen. Vieles Unbekannte liegt vor einem. Es gilt sich täglich neu auf die Etappe und ihre Herausforderungen einzustellen. Das Gehen fällt mal leicht und ein andermal ist es beschwerlich; doch am Ende belohnt das Ziel für alle Mühen. Denn im Unterschied zum normalen Weg hat der Pilgerweg immer ein Ziel, auf das er sich zubewegt und in dem er Erfüllung findet.
So ist verständlich, dass auch der Lebenslauf eines Christenmenschen oft mit einem Pilger-Weg verglichen wird, weil all das, was uns auf der Pilgerreise begegnet auch unseren Lebensweg zeichnet. In der Liturgie der Begräbnisfeier wird deshalb auch von der „irdischen Pilgerschaft“ eines Menschen gesprochen, die im Tod zu Ende geht[15].

Wenn wir uns heute versammelt haben um von N. Abschied zu nehmen und dabei nochmals auf ihren Lebensweg zurückzuschauen, dann tun wir dies im Blick auf das eben gehörte Wallfahrtslied aus dem Psalm 122.
Die Verstorbene hat diesen Text persönlich für ihre Todesanzeige und auch für den Trauergottesdienst ausgewählt. So dürfen wir glauben, dass N. ihr Leben als das verstanden hat, was der Psalm zum Ausdruck bringt, als irdischen Pilgerweg, der seine Erfüllung in einem höheren und größeren Ziel

[15] Vgl. Schlussgebet Nr. 11 Gebet im Trauerhaus, in: Die Begräbnisfeier, Ausgabe 2004, S. 26.

hat, welches der Psalm ausdrücklich benennt: *„Zum Haus des Herrn wollen wir pilgern. … [das] Haus des Herrn, unseres Gottes." (Ps 122,1.9).* In unserem Vorgespräch haben Sie die Verstorbene ja auch als einen Menschen beschrieben, der sein Leben im Glauben und in der Familie festgemacht hat und in beidem verwurzelt war; und die Familie war es ja auch, die den Grund des Glaubens bei N. gelegt hat.

In diese Familie eines Polizeikommissars wurde sie 19.. als letztes von vier Kindern, als Nesthäkchen, hineingeboren. Hier in N. wo sie fast .. Jahre ihres Lebens verbracht hat, ehe sie aufgrund von Alter und Krankheit zuerst in das betreute Wohnen und später dann in das Pflegeheim umgezogen ist. In ihrem Herzen aber ist sie wohl immer hier in N. geblieben.
Mit N., so sagten Sie mir, nehmen wir heute Abschied von einer tatkräftigen, durchsetzungsfähigen, stabilen, in sich ruhenden aber auch energischen Frau mit einem exzellenten Gedächtnis. Bis in die letzten Monate hinein konnte sie wie ein lebendes Archiv von „ihrem N." erzählen, von den Menschen, den Häusern, den Geschäften, von dem, wie es früher war in der Hauptstraße, wo sie ja auch viele Jahre in der Apotheke gearbeitet hat. Nicht ganz zu Unrecht haben Sie deshalb von ihr als „ein Stück N." gesprochen.
„Wir sind nur Gast auf Erden und wandern ohne Ruh, mit mancherlei Beschwerden, der ewigen Heimat zu."[16] So heißt es in einem Kirchenlied aus den 30er Jahren des letzten Jahrhunderts. Wer sein Leben als irdische Pilgerschaft versteht, hat immer auch das Ziel im Blick.
N. hat ihren Lebensweg als Pilgerweg hin zu Christus verstanden, das bringt für mich die Auswahl von Psalm 122 sehr schön zum Ausdruck. Die regelmäßige Begegnung mit ihm im Gottesdienst und auch in der Kommunion gehörte für sie dazu. Jesus Christus, der von Gott auferweckte Gekreuzigte ist für sie und uns die Hoffnung, dass am Ende unseres irdischen Pilgerweges

[16] Gotteslob Nr. 505

das ewige, unvergängliche Leben auf uns wartet; ein Leben, das keine Krankheit, keinen Schmerz und keinen Tod mehr kennt. Auch wenn das Leben zu Ende geht, ist Gott noch lange nicht am Ende.

Wenn das Leben zu Ende geht, öffnet uns Gott die Tore in das himmlische Jerusalem (vgl. Ps 122, 2ff.). Unsere Verstorbene hat ihr Leben an diesem Glauben fest gemacht.

So dürfen wir heute, hier an ihrem Sarg, auch glauben, dass N. nun im Tod auch im Hause des Herrn angekommen ist und dort nun wohnen darf für alle Zeit (vgl. Ps 23, 6).

Amen.

„Glaube, Hoffnung, Liebe, diese drei - aber am größten ist die Liebe“

Trauersituation: Tod einer kirchlich distanzierten Frau, die erst wenige Jahre am Ort der Bestattung gelebt hat. Text der Todesanzeige: „Glaube, Hoffnung, Liebe, diese drei - aber am größten ist die Liebe“.

Schriftstelle: Joh 15,7-12

Was für ein Vermächtnis, das Jesus seinen Jüngern in der eben gehörten Abschiedsrede aus dem Johannes-Evangelium gibt. Jesus spürt, dass der gemeinsame Weg zu Ende geht, dass es eine Trennung geben wird. Und so bittet er seine Freunde: *„Bleibt in meiner Liebe.“ (Joh 15,9b)*

Auch wir sind heute zusammen gekommen, weil sich eine Trennung vollzogen hat, die schmerzlichste Trennung die uns Menschen auferlegt ist; die Trennung durch den Tod. Wir sind zusammen gekommen um Abschied zu nehmen von N.

Mit der Verstorbenen, so sagten Sie mir, bestatten wir heute eine gütige, liebevolle, ruhige, bescheidene und auch künstlerisch begabte Frau, die sich, so lange es ging, stets um andere gesorgt hatte.

Und so ist auch ihr Vermächtnis, das, was von N. bleiben wird, ihre Liebe und Güte. Und dieses Vermächtnis kann auch der Tod nicht nehmen. Es wird bleiben und uns mit ihr verbinden, über den Tod hinaus.

So haben Sie es ja auch in ihre Todesanzeige geschrieben: *„Glaube, Hoffnung, Liebe, diese drei - aber am größten ist die Liebe.“*

„Bleibt in meiner Liebe.“ (Joh 15,9b)

Sehr oft ist im Johannes-Evangelium vom „bleiben“ die Rede. Gerne wäre die Verstorbene noch bei uns geblieben, hat sie sich doch sehr wohlgefühlt hier in N. Und das, obwohl sie erst vor vier Jahren hierher gezogen ist. Sie hat sich so wohlgefühlt, dass sie für immer bleiben wollte und deshalb auch hier ihre letzte Ruhe findet.

„Was immer wir tun, ob wir gelehrte Professoren, einfallsreiche Erfinder oder herausragende Künstler werden, deren Werke die Welt bewundert, am Abend unseres Lebens zählt nur die Liebe“. (Roger Schütz)[17] Sie ist die Eintrittskarte zum großen und ewigen Fest, das Gott uns bereitet.

Und so dürfen wir N. nach einem gütigen und fürsorglichen Leben nun aufgehoben wissen in der Liebe Gottes.
„Gott ist die Liebe.“ (1 Joh 4,16b) schreibt der Verfasser des ersten Johannesbriefes. Und diese Liebe hält uns fest, im Tod und darüber hinaus.
Mit dieser Zusage im Herzen dürfen wir heute von unserer Verstorbenen Abschied nehmen, weil wir wissen, dass sie nun im Herzen Gottes eine ewige Heimat gefunden hat.
Amen.

[17] Quelle unbekannt.

„Vom Schmerz“

Trauersituation: Tod einer jüngeren Frau nach Krankheit. Lesung zur Trauerfeier - neben dem Bibeltext - ein Abschnitt aus dem Buch „Der Prophet“ von Khalil Gibran: „Vom Schmerz“.[18]

Schriftstelle: Joh 11,21-27

Dieser eben gehörte biblische Text passt aus dreifachem Grund für mich zu diesem heutigen Tag und auch zum Text von Khalil Gibran, den Sie, lieber N., für die Trauerfeier Ihrer Mutter ausgewählt haben.

1. Es ist ein trauriger Anlass. Ein Mensch, in der Erzählung Lazarus, ist gestorben. Seine Schwester Marta beklagt seinen Tod. Sie setzt aber im Blick auf diesen Tod alle Hoffnung auf Jesus: *„Herr, wärst du hier gewesen...“ (Joh 11,21).* Auch uns hat heute ein trauriger Anlass zusammengeführt. Der frühe Tod Ihrer Mutter N.
2. Es geht um Schmerz. Um den Schmerz des Verlustes. Ein Verlust, der auch Jesus nahegeht. Einige Zeilen später wird dann berichtet, wie Jesus ans Grab kommt und er um seinen Freund weint. Eine sehr seltene Aussage in der Bibel, die aber zeigt, dass auch der Sohn Gottes um die Erfahrung des Schmerzes wusste, dass sie auch für ihn, wie für Khalil Gibran, zum Leben gehört, dass ihm auch Ausdruck verliehen werden muss.
3. Und, dies wäre der dritte Aspekt, die Geschichte zeigt eine Perspektive auf. Eine Perspektive, die über den Schmerz hinausgeht, die ihn mit aufnimmt. Wie Jesus, so zeigt auch Gibran, dass all unser Empfinden, schon immer eingehüllt und damit letztlich aufgehoben ist bei Gott. Dass er der Schöpfer, bei Gibran der Töpfer, um unseren Schmerz weiß und ihn verwandeln will und wird.

[18] Gibran, Khalil, Der Prophet, München ^{7}2005, S. 68.

„Ich bin die Auferstehung und das Leben“ (Joh 11,25), sagt Jesus. Damit meint er, dass jeder, der zu ihm gehört, zu einem neuen Leben berufen ist, das keinen Schmerz, keine Klage und keinen Tod mehr kennt.

N. gehörte zu Jesus. Auf den Glauben an die Auferstehung wurde sie getauft. Wir trauern um sie. Zugleich wissen wir aber, dass dieses Leben, das irdische, immer vorläufig ist, das es uns vorbereitet für das neue Leben in und bei Gott. So dürfen wir heute glauben, dass Jesus Christus, auch die Auferstehung und das Leben für N. ist.

Dass er sie ruft zu einem neuen und ewigen Leben bei Gott.

Amen.

3. Leitfaden zur Annahme eines Trauerfalls und Führung des Trauergesprächs

Leitfaden auf A4 vergrößert kopieren!

I. Angaben zum Verstorbenen:

Name: ______________________ geb. __________________ Vorname/n: ____________________

Anschrift: ____

geboren am: ______________________________ in : ________________________ Alter: _____

Ausbildung/Beruf: ____

Familienstand: 0 ledig 0 verheiratet, seit _______ 0 verwitwet, seit _________ 0 geschieden 0 getrennt

Ehepartner (mit Daten): ____

Kinder: 0 keine ____

____ Enkel/Ur-Enkel? _________________________

gestorben am: ____________________________ in (mit PLZ): ______________________________

Sterbesakramente: JA/NEIN Umstände des Todes: ____

____

Ansprechpartner (mit Telefon:) ____

II. Angaben zur Begräbnisfeier:

Trauergespräch: Wann? ___________________ Uhrzeit? __________________ Wo? ______________

Wer? ____

Beerdigungsunternehmen: ____

Begräbnisfeier: Wann? ____________________ Uhrzeit? _________ Wo? ______________________________

Requiem: 0 Ja / 0 Nein   Wenn ja, (Wann/Wo) ____

Gestaltungshinweise:

Beteiligung der Angehörigen: ____

Beteiligung Musik/Chor: ____

Beteiligung Vereine: ____

Nachrufe/Grußworte: ____

Besondere Wünsche/Elemente (Lied, Text, Ritual, etc.): ______________________________________

____

Sonstiges: ____

____

____

III. Angaben zur Ansprache:

Leitfragen:

1. Das Sterben

**Wie ist er/sie gestorben (Ort, Zeit, Umstände)?*

2. Der Verstorbene

**Angaben zum Verstorbenen!*

**Herkunft mit Kindheit und Jugend (Flucht, Vertreibung, Krieg)?*

**Ausbildung/Beruf/Auszeichnungen?/ Hobbys/Interessen?*

**Was war er/sie für ein Mensch? Was machte ihn/sie aus?*

**Was mochte er/sie gerne? Was konnte er/sie nicht leiden?*

**Hervorstechende (Charakter-)Eigenschaften? Mit einem Wort beschreiben!*

**Welche Rolle in der Familie hatte er/sie?*

**Wie war sein/ihr Verhältnis zu Glaube und Kirche?*

3. Die Hinterbliebenen?

**Wie geht es Ihnen jetzt?*

**Was soll unbedingt (nicht) erwähnt werden?*

4. Die Trauerfeier?

**Wer kommt? Sind Kinder dabei?*

Raum für Notizen:

IV. Gebet (Vorschlag, ggf. frei formulieren mit Gedanken aus Gespräch):

Guter Gott, in deine Hände empfehlen wir *(Name).*
Wir danken dir für alles Gute, mit dem du ihn/sie in seinem/ihrem irdischen Leben beschenkt hast.
Vor allem aber, danken wir dir für das Gute und Schöne,
das wir durch ihn/sie erfahren und mit ihm/ihr erleben durften.
Wir bitten dich: Nimm ihn/sie auf und gib ihm/ihr Heimat bei dir.
Uns, die wir zurückbleiben, gib die Kraft, einander zu trösten und im Glauben zu stärken.
Amen.

Ggf. Vaterunser / Ave Maria

4. Bibelstellenverzeichnis

Verzeichnis der verwendeten Bibelstellen
mit entsprechender Seitenangabe zur Predigt.

Altes Testament	**Seite**
Ps 23	*73*
Ps 98	*39*
Ps 104	*90*
Ps 122	*92*
Ps 150	*79*
Jes 9,1-6a	*25*
Jes 60,1-5	*28*

Neues Testament	
Mt 14,22-33	*76*
Mt 24,37-39.42-44	*13*
Mk 4,26-29	*64*
Mk 16,1-7	*31, 36*
Lk 2,1-14	*56*
Lk 21,25-27.34-36	*16*
Lk 21,25-28	*19*
Joh 6,51.57-58	*41*
Joh 10,10a-11	*88*
Joh 11,21-27	*50, 53, 97*
Joh 12,44-50	*67*
Joh 14,1-6	*44*
Joh 14,1-10	*85*
Joh 15,7-12	*95*
Joh 17,1-8	*70*
Joh 19,16a-18.25.28-30	*31*

1 Kor 1,18-24.30-31 *82*

Kol 1,12-20 *47*

Tit 3,4-7 *21*

1 Joh 1,1-7 *67*

1 Joh 4,7-12 *34*

Off 21,1-7 *60*

Printed by Books on Demand GmbH, Norderstedt / Germany